ABRÉGÉ

D'HISTOIRE SACRÉE

ET PROFANE

ABRÉGÉ
D'HISTOIRE SACRÉE
ET PROFANE

A L'USAGE

DU PENSIONNAT DES URSULINES DE S.-OMER

Ce volume contient :

NOTIONS SUR LA CHRONOLOGIE. — ABRÉGÉ DE L'HISTOIRE SAINTE. — ABRÉGÉ DE L'HISTOIRE ANCIENNE. — ABRÉGÉ DE L'HISTOIRE DE FRANCE.

PARIS

H. VRAYET DE SURCY, LIBRAIRE-ÉDITEUR

RUE DE SÈVRES, 19.

1858

NOTIONS DE CHRONOLOGIE

D. Qu'est-ce que la chronologie ?
R. La chronologie est la science des temps : elle nous apprend à rapporter chaque chose au temps, au lieu, à l'année où elle s'est passée.
D. La chronologie est-elle bien nécessaire pour étudier l'histoire ?
R. Oui ; cette science est aussi essentielle à celui qui étudie l'histoire, que celle des astres aux pilotes pour parcourir les mers.
D. Qu'est-ce qu'un siècle ?
R. Un siècle est la révolution de cent années. Une année est composée de douze mois ou de trois cent soixante-cinq jours, six heures moins onze minutes. Les anciens Grecs célébraient le commencement de chaque siècle par des jeux et des cérémonies religieuses.
D. Qu'est-ce qu'un lustre ?
R. Un lustre est un espace de cinq ans : on l'appelle ainsi, parce que, de cinq ans, en cinq ans on faisait à Rome un dénombrement des citoyens, appelé lustration.
D. Qu'est-ce qu'une olympiade ?
R. C'est l'espace de quatre ans, ainsi appelé, parce que les Grecs célébraient tous les quatre

ans, à Olympie, des jeux appelés pour cette raison jeux Olympiques[1].

D. A quelle année se rapporte la première olympiade ?

R. A l'an du monde 3228.

D. Comment connaît-on à quelle année se rapporte une olympiade ?

R. On le connaît en multipliant par 4 le nombre d'olympiades et en y ajoutant le nombre 3228.

D. Donnez-en un exemple.

R. Pour savoir à quelle année se rapporte la 30ᵉ olympiade, il faut multiplier 30 par 4 et ajouter au produit 120 le nombre 3228 ; ce qui fait du monde 3348.

D. Qu'entend-on par époque ?

R. On appelle époque certains événements remarquables, auxquels on en rapporte plusieurs autres. Ainsi le déluge est une époque, ou événement, auquel on rapporte la dispersion du genre humain par toute la terre, la confusion des langues, la fondation des empires ; on compare les époques à de certains lieux élevés, d'où l'on considère une vaste plaine et tout ce qu'elle renferme.

D. Qu'est-ce qu'un anachronisme ?

R. Un anachronisme est une erreur que l'on fait en attribuant un événement à un siècle, tandis qu'il s'est passé dans un autre. Si quelqu'un disait, par exemple, que Louis XVI a régné dans le dix-septième siècle au lieu du dix-huitième, il ferait un anachronisme.

---

1. Ces jeux avaient été institués par Hercule, en l'honneur de Jupiter Olympien. Après avoir été discontinués pendant longtemps, ils furent rétablis à Olympie, ville du Péloponèse, consacrée à ce faux dieu.

D. Qu'est-ce qu'une ère ?

R. On appelle ère un événement remarquable auquel on commence à compter des années.

D. Ne distingue-t-on pas différentes ères ?

R. Oui ; chaque peuple avait une ère fixe : les Grecs comptaient les années par olympiades ; les Romains, depuis la fondation de Rome ; les Mahométans, lors de la fuite de Mahomet ; les Chrétiens comptent les années depuis la naissance de Jésus-Christ. C'est ce qu'on appelle ère chrétienne ou vulgaire.

DE LA DIVISION DU TEMPS.

D. Comment les anciens divisaient-ils le temps ?

R. Les anciens ont divisé le temps en trois parties, savoir : 1° le temps obscur et incertain ; 2° le temps fabuleux ou héroïque ; 3° le temps historique.

D. Qu'entend-on par le temps obscur et incertain ?

R. C'est celui sur lequel l'histoire profane ne donne aucune notion ; il comprend environ vingt-deux siècles.

D. Qu'est-ce que le temps fabuleux et héroïque ?

R. C'est le temps qui présente quelques vérités, mais cachées sous le voile de la fiction ; il renferme à peu près l'espace de dix siècles.

D. Qu'appelle-t-on temps historique ?

R. Le temps historique est celui où l'on commence à avoir des lumières et des connaissances certaines des événements ; il commence environ l'an du monde 3228 et se rapporte à la première olympiade.

D. Ne peut-on pas diviser le temps d'une manière plus facile?

R. Oui; on peut diviser le temps qui s'est écoulé depuis la création du monde en deux parties : la première comprend l'histoire ancienne depuis la création du monde jusqu'à Jésus-Christ, c'est-à-dire 4,000 ans environ ; la deuxième renferme l'histoire moderne, depuis Jésus-Christ jusqu'à nous ; ce qui fait l'espace de dix-huit siècles.

D. Que renferme l'histoire ancienne?

R. L'histoire ancienne renferme, dans l'espace de 4,000 ans, la naissance du genre humain, le commencement, le progrès et la décadence des vastes empires, savoir : ceux des Egyptiens, des Assyriens, des Mèdes, des Perses, enfin des Grecs, absorbés en quelque sorte par la puissance romaine.

D. Que contient l'histoire moderne ?

R. L'histoire moderne contient ce qui s'est passé depuis Jésus-Christ jusqu'à nous. Elle présente le spectacle de l'empire romain, partagé depuis en deux branches, savoir : l'empire d'Orient et l'empire d'Occident, qui devinrent tous deux la proie des barbares sortis du nord de l'Europe et de l'Asie. Ces différents peuples se répandirent dans tout l'empire romain et s'enrichirent de ses dépouilles ; c'est là l'origine des différents royaumes que nous voyons aujourd'hui.

ABRÉGÉ
DE
L'HISTOIRE SAINTE

ANCIEN TESTAMENT.

D. Qu'est-ce que l'histoire sainte ?
R. C'est l'histoire de notre sainte Religion.
D. De quelle utilité est l'étude de l'histoire sainte ?
R. L'étude de l'histoire sainte est infiniment utile, parce qu'elle nous apprend tout ce qu'il faut savoir pour être honnête homme et bon chrétien.
D. Quels avantages a l'histoire sainte sur l'histoire profane ?
R. L'histoire sainte a deux avantages principaux sur l'histoire profane : la certitude et l'ancienneté. La certitude, en ce qu'elle a été écrite par des hommes inspirés de Dieu même ; l'ancienneté, en ce que Moïse, qui est l'auteur du Pentateuque[1], est le plus ancien de tous les écrivains ; il vivait plus de mille ans avant Hérodote[2], le père de l'histoire profane.
D. Combien compte-t-on d'époques fameuses

---

1. Le Pentateuque est l'histoire du peuple de Dieu que Moïse écrivit pour servir de fondement à notre Religion. Il contient cinq livres : la Genèse, l'Exode, le Lévitique, les Nombres et le Deutéronome.
2. On pense même qu'Hérodote a composé son histoire d'après les notions prises dans le livre de Moïse.

depuis la création du monde jusqu'à présent?

R. On en compte sept, qu'on appelle les sept âges du monde.

Le premier âge a commencé avec le monde et s'est terminé au déluge. Il comprend 1656 ans.

Le deuxième âge a commencé à la fin du déluge et a fini à la vocation d'Abraham. Il a duré 426 ans.

Le troisième âge a commencé à la vocation d'Abraham, et s'est terminé à la sortie du peuple juif de l'Égypte. Il a duré 430 ans.

Le quatrième âge a commencé à la sortie du peuple juif de l'Égypte, et a fini à la fondation du temple de Salomon. Il comprend 479 ans.

Le cinquième âge a commencé à la fondation du temple, et s'est terminé à la captivité des Juifs à Babylone. Il a duré 476 ans.

Le sixième âge a commencé à la fin de la captivité des Juifs et à la liberté que Cyrus, roi de Perse, leur accorda. Il a fini à la naissance de Jésus-Christ, et il comprend 532 ans.

Le septième âge commence à la naissance de Jésus-Christ. Il a duré 18....

D. Quel est l'auteur de toutes choses?

R. Dieu, qui *au commencement créa le ciel et la terre.*

D. Combien de temps Dieu employa-t-il à produire et à mettre en ordre toutes les créatures?

R. Il y employa six jours.

Le premier jour il fit la lumière[1], en disant : *Que la lumière soit faite ;* et aussitôt la lumière fut faite.

Le deuxième jour il fit le firmament, auquel il donna le nom de ciel.

---

1. On croit que les anges furent créés en même temps.

Le troisième jour il sépara l'eau de la terre, et fit produire à la terre des plantes et des arbres de toute espèce.

Le quatrième jour il fit le soleil, la lune et tous les astres du firmament.

Le cinquième jour il créa les poissons et les oiseaux.

Le sixième, après avoir ordonné à la terre de produire toutes sortes d'animaux, il fit Adam, le premier homme, et il le fit à son image et ressemblance, et se reposa le septième jour.

PREMIER AGE.

D. Comment Dieu créa-t-il Adam?

R. Il fit son corps de terre et lui donna une âme immortelle et raisonnable pour le distinguer des animaux. Dieu envoya ensuite à Adam un profond sommeil, pendant lequel il lui tira une de ses côtes dont il forma sa femme Eve. Il les plaça tous deux dans le Paradis terrestre, leur permettant de manger de tous les fruits qui y étaient, excepté de celui de l'arbre de la science du bien et du mal, dont il leur défendit de manger sous peine de mort.

D. Adam et Eve jouirent-ils longtemps de cet état d'innocence et de bonheur?

R. Non; le démon qui avait été précipité dans l'enfer en punition de son orgueil, avec tous les compagnons de sa révolte, jaloux de la félicité d'Adam, mit tout en œuvre pour la lui faire perdre. Il se servit de l'organe du serpent, et persuada à Eve que si elle mangeait du fruit défendu, elle deviendrait aussi savante que Dieu.

Elle se laissa séduire et entraîna bientôt Adam dans sa chute.

D. Quelles furent les suites fatales de cette désobéissance?

R. A peine Adam l'eut-il commise, qu'il reconnut le mal qu'il avait fait. Dieu le chassa du Paradis terrestre, l'assujettit avec toute sa postérité au travail, à la mort et à toutes les autres peines du péché. Mais, touché de son repentir, il lui promit d'envoyer son fils pour être le réparateur du genre humain.

D. Combien Adam eut-il d'enfants?

R. Adam eut plusieurs enfants; mais l'Ecriture sainte n'en nomme que trois : Caïn, Abel et Seth.

D. Dites-nous quelque chose de ces trois enfants d'Adam.

R. Caïn, jaloux de ce que les sacrifices de son frère Abel étaient agréables à Dieu, le tua, et, en punition de son crime, il fut errant et vagabond sur la terre et père d'une race méchante comme lui [1]. Il mourut dans son impénitence.

D. Donnez-nous quelques détails sur Seth et sur sa postérité.

R. Seth vint au monde après le meurtre de son frère. Il succéda à Adam en qualité de patriarche et il imita la piété d'Abel. Enos, fils de Seth, commença à invoquer le Seigneur par un culte public; et Enoch, un de ses descendants, mérita, par ses éminentes vertus, d'être enlevé au ciel.

D. Les descendants de Seth, appelés enfants

---

1. Ce fut Caïn qui bâtit la première ville du monde. Il l'appela *Hénochia*, du nom d'Hénoc, un de ses fils.

de Dieu, ne se corrompirent-ils pas par la suite comme ceux de Caïn?

R. Oui, et ce fut par les alliances qu'ils contractèrent ensemble. De là vinrent les géants, moins fameux par leur taille énorme que par les crimes affreux auxquels ils se livrèrent.

D. Comment Dieu punit-il cette perversité générale?

R. Dieu résolut d'exterminer le genre humain par un déluge universel, et de ne sauver que Noé, qui avait trouvé grâce devant lui.

D. Par quel moyen Noé fut-il préservé du déluge?

R. Dieu lui ordonna de bâtir l'Arche : c'était un grand vaisseau dont il lui marqua les mesures et les proportions. Noé fut cent ans à construire ce bâtiment. Pendant ce temps-là, il exhortait les hommes à la pénitence; mais ils méprisèrent également ses avis et ses menaces.

D. Que fit alors Noé?

R. Il fit entrer sa famille au nombre de huit personnes dans l'Arche, avec des animaux de chaque espèce; selon l'ordre qu'il en avait reçu de Dieu.

D. Qu'arriva-t-il ensuite?

R. Dieu fit pleuvoir pendant quarante jours et quarante nuits consécutifs. L'inondation fut si grande, que les eaux s'élevèrent à quinze coudées au-dessus des plus hautes montagnes[1].

D. Qu'est-ce que l'Arche nous représente?

R. L'Arche était la figure de l'Eglise de Jésus-Christ, hors de laquelle il n'y a point de salut.

---

1. L'Arche, après avoir vogué longtemps, s'arrêta sur le mont Ararath en Arménie; et Noé en sortit après y avoir été renfermé une année entière.

D. Comment l'Arche est-elle la figure de l'Eglise?

R. Parce que personne n'a été sauvé hors de l'Arche, et que personne ne peut être sauvé hors de l'Eglise.

DEUXIÈME AGE.

Le deuxième âge a commencé à la fin du déluge et a fini à la vocation d'Abraham. Il a duré 426 ans.

D. Que fit Noé après le déluge?

R. Il offrit à Dieu des sacrifices en actions de grâces. Dieu bénit Noé et sa famille, et promit qu'il n'enverrait plus de déluge universel [1].

D. Quelle fut la conduite de Noé envers ses enfants?

R. Ce saint patriarche bénit Sem et Japhet à cause de leur piété; et il maudit Cham et Chanaan, son fils, qui avaient manqué de respect à son égard.

D. Que firent les enfants de Noé après sa mort?

R. Ils partagèrent la terre entre eux : Japhet eut l'Europe, Cham l'Afrique, et Sem l'Asie orientale. Leurs descendants se multiplièrent tellement, qu'ils furent obligés de se séparer; mais ils voulurent auparavant bâtir une tour, qu'ils avaient dessein d'élever jusqu'au ciel.

D. Vinrent-ils à bout de leur projet?

R. Non; Dieu punit leur orgueil par la confusion des langues. C'est pour ce sujet que cette tour fut appelée *Babel*.

---

1. Dieu voulut que l'arc-en-ciel fût le signe de cette promesse.

D. La vie humaine ne fut-elle point diminuée après le déluge?

R. Elle le fut de plus de deux tiers : Adam vécut 930 ans, et Mathusalem 969 ans ; et Phaleg, sous qui se fit la séparation des hommes, ne vécut que 240 ans.

TROISIÈME AGE.

Le troisième âge a commencé à la vocation d'Abraham, et s'est terminé à la sortie du peuple juif de l'Egypte. Il a duré 430 ans.

D. Comment se comportèrent les hommes après leur séparation?

R. Ils oublièrent bientôt la loi naturelle [1] pour ne suivre que leurs passions.

D. Qu'est-ce que la loi naturelle?

R. La loi naturelle est une lumière intérieure qui fait connaître à chaque homme ses devoirs principaux envers Dieu, envers lui-même et envers ses semblables.

D. Qu'arriva-t-il de cet oubli de la loi naturelle?

R. Les hommes en vinrent à un tel point d'aveuglement, qu'ils abandonnèrent leur Créateur pour adorer du bois, de la pierre, etc.; en un mot, *tout était Dieu pour eux, excepté Dieu lui-même.*

---

1. Il y eut cependant toujours des saints qui l'observèrent, tels que Job, Melchisédech et plusieurs autres. — Job était un prince fort riche et fort vertueux. Dieu permit que le démon lui ôtât tous ses biens, ses enfants, sa santé, et le réduisît à la plus grande misère, pour donner un grand exemple de patience et de fidélité à Dieu dans les plus grandes épreuves.

D. Dieu abandonna-t-il alors les hommes à leur corruption?

R. Oui ; mais il résolut de se former un peuple qui devait perpétuer son culte et donner la naissance au Sauveur promis ; et il choisit Abraham pour être le chef et la tige de ce peuple.

D. De qui Abraham descendait-il?

R. Il descendait de Sem, et était né en Chaldée vers l'an 2000. Dieu lui apparut, lui ordonna de quitter son pays et d'aller dans la terre de Chanaan, où il voulait établir son culte. Il lui promit de lui en donner la possession, de multiplier sa postérité comme les étoiles du ciel et d'en faire naître le Messie. Dieu lui donna la circoncision pour marque de l'alliance qu'il contractait avec lui.

D. A quelle occasion Abraham fut-il béni par Melchisédech [1]?

R. Ce fut après qu'Abraham eut délivré son neveu Loth des mains de plusieurs rois qui étaient venus l'attaquer.

D Qu'était-ce que Melchisédech?

R. Melchisédech était prêtre du Très-Haut. Il offrait en sacrifice du pain et du vin, figure du sacrifice que Jésus-Christ devait établir.

D. Qu'arriva-t-il à Loth peu de temps après?

R. Deux anges vinrent l'avertir de sortir de Sodome, afin qu'il ne fût pas enveloppé dans le terrible châtiment que la justice de Dieu voulait en tirer. Elle fut consumée avec trois autres villes voisines par une pluie de feu et de soufre, en punition des crimes affreux qui s'y commettaient. Loth n'eut que le temps d'en sortir ; et sa femme,

---

1. Abraham offrit alors à Melchisédech la dîme du butin qu'il avait fait. Il honora, dans la personne de ce saint pontife, N.-S. Jésus-Christ, dont il était la figure.

pour avoir regardé derrière elle, contre l'ordre de Dieu, fut changée en statue de sel.

D. Dieu ne mit-il point la fidélité d'Abraham à l'épreuve ?

R. Dieu lui ordonna d'aller sacrifier son fils Isaac sur la montagne de Moria. Abraham reçut avec docilité un ordre si dur à la nature. Il prépara tout ce qu'il fallait pour immoler ce fils chéri, qu'il avait vu naître à l'âge de cent ans de sa femme Sara. Isaac porta lui-même le bois nécessaire pour le sacrifice [1], et se laissa lier sans faire aucune résistance. Il allait recevoir le coup fatal, lorsqu'un ange arrêta le bras d'Abraham et lui renouvela, de la part de Dieu, toutes les promesses qu'il en avait déjà reçues.

D. La foi d'Abraham (qui savait que c'était sur Isaac qu'étaient fondées les promesses de Dieu) n'avait-elle point été ébranlée dans cette circonstance ?

R. Aucunement ; et c'est parce qu'Abraham crut à la parole de Dieu et espéra contre toute espérance, qu'il est appelé le *père des croyants*.

D. Quelle femme Abraham fit-il épouser à son fils Isaac ?

R. Il lui fit épouser Rébecca, petite-fille de Nachor, son frère. Dieu bénit ce mariage par la naissance d'Esaü et de Jacob, deux frères jumeaux.

D. Que signifient ces deux noms ?

R. Esaü signifie *homme fait*, et Jacob veut dire *supplanteur*. Il fut ainsi appelé parce qu'il enleva à Esaü son droit d'aînesse et la bénédiction de son père.

---

1. Isaac, portant lui-même le bois de son sacrifice, était la figure de Jésus-Christ portant sa croix.

D. Que fit alors Esaü ?

R. Il en fut si irrité qu'il voulut tuer Jacob : celui-ci, pour éviter sa fureur, s'enfuit par le conseil de sa mère chez son oncle Laban, dont il garda longtemps les troupeaux. C'est pendant sa fuite qu'il eut en dormant la célèbre vision de l'échelle mystérieuse qui allait de la terre jusqu'au ciel [1].

D. Quelles furent les femmes de Jacob ?

R. Ce furent Rachel et Lia, qui étaient toutes deux filles de Laban.

D. La polygamie ou usage d'avoir plusieurs femmes était donc permise aux Juifs ?

R. Dieu permit la polygamie aux patriarches pour des raisons qui ne sont connues que de sa sagesse. On peut dire que ces mariages étaient mystérieux et permis, à cette époque, pour accélérer la multiplication de son peuple.

D. Qu'entend-on par les patriarches ?

R. On appelait patriarches dans l'Ancien Testament les principaux chefs de famille.

D. Quelle était leur occupation ?

R. Ils étaient presque tous laboureurs et bergers ; et, au milieu de la plus grande abondance, ils vivaient avec frugalité.

D. Les Israélites ne doivent-ils pas nous paraître méprisables, parce qu'ils ne s'occupaient que de la vie champêtre ?

R. Non ; au contraire, nous devons admirer

---

[1]. Jacob, à son retour, craignant toujours le ressentiment de son frère, eut une autre vision où l'ange, contre lequel il avait combattu, l'assura qu'il ne devait plus rien craindre des hommes, et lui donna le nom d'*Israël*, qui veut dire *fort contre Dieu* ; c'est de là que ses descendants furent appelés *Israélites*. Esaü reçut le nom d'*Edom*, qui veut dire *roux*, et ce nom a passé aux *Iduméens*, dont il fut le père.

leur ardeur pour un travail auquel l'homme avait été condamné après son péché. Aussi Dieu fait voir souvent dans l'histoire sainte combien cette occupation lui était agréable : il choisit Gédéon pour être le chef de son peuple, tandis qu'il bat son blé ; Saül, lorsqu'il est occupé à chercher des ânesses, et David à mener paître des moutons.

D. Combien Jacob eut-il d'enfants ?

R. Il en eut douze, qui furent chefs des douze tribus d'Israël, savoir : Ruben, Siméon, Lévi, Juda, Zabulon, Issachar, Dan, Gad, Aser, Nephtali, Joseph et Benjamin.

D. Racontez en peu de mots l'histoire de Joseph.

R. Joseph, fils de Jacob et de Rachel, fut haï de ses frères, parce qu'il les accusa, auprès de Jacob leur père, d'un crime que l'Écriture ne nomme pas[1]. Ils avaient d'abord résolu de le tuer ; mais, à l'instigation de Ruben, ils se contentèrent de le vendre à des marchands ismaélites qui le revendirent à Putiphar, capitaine des gardes de Pharaon, roi d'Egypte.

D. Comment Joseph se conduisit-il dans la maison de Putiphar ?

R. Il s'y conduisit avec beaucoup de sagesse. Dieu bénit la maison de Putiphar et la combla de biens en faveur de Joseph. Putiphar le fit intendant de sa maison.

D. Pourquoi Joseph fut-il mis en prison, et quelle y fut sa conduite ?

R. La femme de Putiphar, après avoir tenté

---

1. Le récit qu'il leur fit aussi des songes mystérieux qu'il avait eus, et qui marquaient sa future grandeur, mit le comble à leur haine et à leur jalousie ; mais ce furent les moyens mêmes qu'ils prirent pour le perdre qui servirent à son élévation.

inutilement de corrompre Joseph, l'accusa auprès de son mari de l'avoir voulu séduire. Il fit paraître, dans sa prison, la plus grande vertu.

D. Comment Pharaon le fit-il son premier ministre ?

R. Pharaon avait eu deux songes [1] qui l'inquiétaient beaucoup et que personne ne pouvait expliquer. Son échanson, connaissant par expérience la grande sagesse de Joseph, le proposa à ce prince qui, pleinement satisfait de ses réponses, lui donna un pouvoir absolu sur toute l'Egypte.

D. Les frères de Joseph ne furent-ils pas témoins eux-mêmes de son élévation ?

R. Ils furent contraints, par la famine, d'aller chercher des vivres en Egypte ; et Joseph, après les avoir mis quelque temps en peine, se fit connaître à eux, leur pardonna leur crime et les fit venir en Egypte avec leur père et toute leur famille, qui était de soixante-dix personnes.

D. Que dit Joseph à Pharaon en lui présentant son père et ses frères ?

R. Joseph ne rougit pas dans sa grandeur de déclarer à Pharaon qu'ils étaient pasteurs. Il ob-

1. Pharaon avait cru voir, pendant son sommeil, sept vaches grasses qui sortaient du Nil, et qui furent aussitôt dévorées par sept autres vaches extrêmement maigres. Et s'étant rendormi il fit un autre songe, où sept épis de blé, parfaitement beaux, furent encore dévorés par sept autres qui étaient fort maigres. Joseph dit à Pharaon que les sept vaches grasses et les sept épis si beaux prédisaient sept années d'une abondance extraordinaire ; et que les sept épis et les sept vaches maigres marquaient sept autres années d'une stérilité qui désolerait l'Egypte et le reste de la terre, si l'on ne prenait de sages précautions pour la prévenir. La sagesse de Joseph sauva le pays. On y vint même de toutes les parties du monde pour avoir du blé ; ce qui le fit appeler *sauveur du monde.*

tint pour eux le fertile pays de Gessen, appelé aujourd'hui *le Delta*.

D. Jacob vécut-il encore longtemps après avoir eu la consolation de revoir son fils Joseph?

R. Ce saint patriarche vécut encore dix-sept ans, et mourut au milieu de ses enfants, âgé de 147 ans, après leur avoir donné à tous sa bénédiction et prédit ce qui devait arriver de plus considérable à leur postérité. Il éleva Juda au-dessus de ses frères et lui dit que de sa race naîtrait le Sauveur du monde [1].

D. Après la mort de Jacob, Joseph ne donna-t-il à ses frères aucune marque de ressentiment?

R. Bien loin de revenir sur le passé, il répandit sur eux de nouvelles grâces. Enfin, comblé de gloire devant les hommes et plein de mérites devant Dieu, ce saint patriarche mourut âgé de 110 ans, laissant en sa personne la figure la plus parfaite qu'il y ait de Jésus-Christ dans l'Ancien Testament.

D. Quels traits de ressemblance trouve-t-on entre Jésus-Christ et Joseph?

R. On en trouve un grand nombre; en voici seulement quelques-uns : 1° Joseph est haï de ses frères; Jésus-Christ est haï des Juifs. 2° Joseph est vendu et livré à des étrangers, mis en prison et souffre en silence; Jésus-Christ est vendu trente deniers, il est livré aux Romains et souffre toutes sortes d'injures et la mort même sans se plaindre. 3° Joseph, en prison avec deux criminels, prédit à l'un son élévation et à l'autre sa mort prochaine;

---

1. Voici les paroles de cette prophétie : « Le sceptre ne « sortira point de Juda, et le gouvernement ne sortira point « de ses descendants jusqu'à ce que vienne celui qui doit « être envoyé, et il sera l'attente des nations. »

Jésus-Christ, en croix entre deux voleurs, sauve l'un et laisse périr l'autre dans l'impénitence.

D. Que devinrent les Israélites après la mort de Joseph?

R. Un nouveau roi qui n'avait point vu Joseph oublia ce que son royaume devait à ce sage ministre. Les Israélites furent traités en esclaves. Pharaon [1] en vint même jusqu'a faire jeter tous leurs enfants mâles dans le Nil.

D. De qui Dieu se servit-il pour délivrer son peuple de cette servitude?

R. Il se servit de Moïse, descendant de Lévi, qu'il avait sauvé des eaux [2] et protégé ensuite d'une manière admirable. Dieu lui apparut dans un buisson ardent, et lui ordonna de retourner en Egypte pour y délivrer son peuple. Moïse fut obligé d'employer divers fléaux pour contraindre Pharaon à laisser aller les Israélites. Ce sont ces fléaux qu'on appelle les plaies d'Egypte.

D. Combien en compte-t-on?

R. Dix. La première fut le changement des eaux en sang.

La seconde, des grenouilles qui remplirent toute l'Egypte.

La troisième, de petits insectes piquants.

La quatrième, des mouches insupportables.

La cinquième, fut la peste qui extermina toutes les bêtes.

---

1. Les rois d'Egypte portaient alors le nom de Pharaon.
2. Ce fut la fille même de Pharaon, qui, l'ayant fait retirer du fleuve, le fit élever à la cour et instruire dans toutes les sciences; mais Moïse ne put voir tous les maux que souffraient les Israélites, et il s'enfuit secrètement, à l'âge de quarante ans, dans le désert de Madian, d'où il sortit, quarante ans après, pour aller prendre la conduite du peuple de Dieu.

La sixième, encore la peste qui passa des bêtes aux hommes et les remplit d'ulcères.

La septième, une grêle épouvantable.

La huitième, des sauterelles.

La neuvième, des ténèbres épaisses.

Et la dixième, qui est la plus terrible, fut le passage de l'Ange exterminateur, qui fit mourir, en une nuit, tous les premiers-nés de l'Egypte, sans toucher à ceux des Israélites qui avaient marqué leurs portes du sang de l'agneau que Dieu leur avait ordonné de manger.

D. Cette dernière plaie n'obligea-t-elle pas Pharaon à laisser aller les Israélites?

R. Oui; mais s'opiniâtrant toujours à résister à Dieu, Pharaon se mit bientôt à les poursuivre; il les atteignit auprès de la mer Rouge, et les Israélites se croyaient perdus, quand Dieu fit ouvrir la mer pour leur laisser un passage libre. Pharaon et ses troupes voulurent les suivre; mais lorsqu'ils furent dans la mer, les eaux se rejoignirent, et ils furent tous submergés.

D. Que signifiait la délivrance des Israélites?

R. Que Dieu délivrerait un jour tous les hommes de la servitude du démon.

QUATRIÈME AGE.

Le quatrième âge commence à la sortie du peuple juif de l'Egypte, et finit à la fondation du temple de Salomon. Il comprend 479 ans.

D. Dieu ne fit-il pas plusieurs miracles en faveur des Israélites, pendant qu'ils furent dans le désert de l'Arabie?

R. Il en opéra trois principaux: 1° Il leur

donna pour guide un nuage qui les éclairait pendant la nuit et les défendait des ardeurs du soleil pendant le jour. 2° Il leur donna pour nourriture la manne ; c'était une espèce de rosée qui tombait du ciel tous les matins. 3° Enfin, il fit jaillir de l'eau d'un rocher, pour les désaltérer, en ordonnant à Moïse de le frapper de sa verge.

D. Quand et comment Dieu donna-t-il sa loi aux Israélites ?

R. Le cinquantième jour après leur sortie d'Egypte, Dieu leur donna sa loi sur le mont Sinaï, au milieu des tonnerres et des éclairs, pour leur imprimer une grande terreur de sa puissance, et de la sévérité avec laquelle il en punirait les transgresseurs. Voici les dix préceptes, tels que Dieu les écrivit sur les tables qu'il donna à Moïse [1].

Je suis le Seigneur ton Dieu qui t'ai tiré de la terre d'Egypte, de la maison de servitude.

I. Tu n'auras point de dieux étrangers devant moi ; tu ne te feras aucune image taillée, ni aucune figure de ce qui est en haut du ciel, ni de ce qui est en bas sur la terre ou dans les eaux ; tu ne les adoreras point et ne les serviras point.

II. Tu ne prendras point en vain le nom du Seigneur ton Dieu.

III. Souviens-toi de sanctifier le jour du Sabbat.

IV. Honore ton père et ta mère, afin que tu vives longtemps sur la terre que le Seigneur ton Dieu te donnera.

V. Tu ne tueras point.

VI. Tu ne seras point adultère.

---

[1]. La première table contenait les trois premiers commandements et la seconde les sept autres.

VII. Tu ne déroberas point.

VIII. Tu ne porteras point faux témoignage contre ton prochain.

IX. Tu ne désireras point la femme de ton prochain.

X. Tu ne désireras point sa maison, ni son serviteur, ni sa servante, ni son bœuf, ni son âne, ni rien qui lui appartienne.

D. Moïse ne resta-t-il pas ensuite quelque temps sur la montagne?

R. Oui, il y resta quarante jours. Le peuple, voyant qu'il tardait tant à revenir, obligea Aaron, son frère, à faire un veau d'or semblable à celui des Egyptiens, pour être l'objet de ses adorations.

D. Que fit Moïse voyant une telle abomination?

R. Il en fut si indigné qu'il brisa les tables de la Loi, et que, soutenu de la tribu de Lévi, il extermina dans le camp vingt-trois mille de ces impies. Dieu s'apaisa par cette soumission, et retraça sa loi sur d'autres tables.

D. Combien la Loi écrite avait-elle de parties?

R. Trois : 1° la morale pour le règlement des mœurs ; 2° la politique pour le gouvernement de l'état des Juifs, qui était théocratique [1] ; et la cérémonielle, qui réglait les cérémonies du Tabernacle [2] et la manière de faire les sacrifices.

---

1. Le gouvernement théocratique est celui où Dieu gouverne par des hommes qu'il a choisis lui-même.

2. Le Tabernacle était une espèce de temple portatif, composé de deux parties, séparées l'une de l'autre par un grand voile : l'une, appelée *le Saint des saints,* contenait l'Arche d'Alliance. Cette Arche, ou espèce de coffre, était faite d'un bois incorruptible revêtu de lames d'or très-pur. On y tenait renfermées les tables de la Loi, une mesure de manne et la verge d'Aaron. L'autre partie du

D. Ces trois parties de la loi de Moïse ont-elles été abolies par la loi de Jésus-Christ ?

R. Non ; il n'y a que les parties politiques et cérémonielles qui ont été abolies ; la partie morale est la même pour les chrétiens.

D. Quelle différence y a-t-il entre la loi ancienne et la loi nouvelle ?

R. Il y en a trois principales : 1° La loi écrite contenait des figures, et la loi de grâce renferme la vérité. 2° La loi écrite était une loi de rigueur, et la loi de grâce est une loi d'amour et de douceur. 3° La loi ancienne ne donnait pas la grâce par elle-même, au lieu que la loi nouvelle nous la donne.

D. Dieu donna-t-il des exemples de la sévérité de sa justice sur les Israélites ?

R. Nadab et Abiu, fils d'Aaron, furent dévorés par un tourbillon de flammes, pour s'être servis d'un feu étranger dans leurs encensoirs ; Coré, Dathan et Abiron furent engloutis dans la terre, en punition de leurs murmures contre Moïse¹.

D. Ce châtiment fit-il cesser les murmures des Israélites ?

R. Non ; ils les renouvelèrent plusieurs fois,

Tabernacle contenait un petit autel pour offrir les parfums, une table pour les pains de proposition, et un chandelier d'or à sept branches. Devant la porte du Tabernacle était l'autel des sacrifices qui devaient être offerts par Aaron et ses enfants.

1. Marie, sœur de Moïse, pour avoir aussi murmuré contre lui, fut couverte de lèpre ; et Dieu ordonna de lapider un Israélite qui avait blasphémé son saint nom, et un autre qui avait ramassé du bois un jour de Sabbat. Ces exemples montrent avec quel respect nous devons sanctifier les jours consacrés au Seigneur, prononcer son saint nom et révérer ses ministres.

tantôt parce qu'ils craignaient de ne pouvoir se rendre maîtres de la terre de Chanaan [1], tantôt parce qu'ils regrettaient les viandes et les oignons d'Egypte [2]. Ce fut à cause de ce défaut de soumission que Dieu les fit errer dans le désert pendant quarante ans.

D. Moïse introduisit-il lui-même le peuple de Dieu dans la Terre promise?

R. Non, il ne la vit que de loin; Dieu ne voulut point qu'il y entrât, pour le punir de sa défiance, lorsqu'il fit sortir l'eau du rocher. Moïse remit la conduite du peuple à Josué avant de mourir; et ce fut sous ce nouveau chef que les Israélites entrèrent en possession de cette terre si désirée.

D. Dieu ne donna-t-il pas de nouvelles preuves de sa protection envers son peuple?

R. Oui; le Jourdain remonta vers sa source, pour laisser un passage libre aux Israélites. La ville de Jéricho fut prise, sans autre attaque que le son des trompettes et la présence de l'Arche, devant laquelle les murailles de la ville tombèrent d'elles-mêmes [3].

D. Quelles victoires remporta Josué?

R. Il défit presque tous les peuples du pays de Chanaan, qui s'étaient ligués contre lui, et partagea leur pays aux douze tribus [4].

---

1. Ce fut à cette occasion que Dieu déclara qu'aucun de ceux qui étaient sortis de l'Egypte à l'âge de vingt ans (hormis Caleb et Josué) n'entreraient dans la Terre promise.

2. Dieu, pour les punir cette fois, envoya des serpents qui en tuèrent un grand nombre.

3. Josué, dans une autre rencontre, ordonna au soleil de s'arrêter, afin qu'il eût le temps de tailler les ennemis en pièces; et le soleil obéit à sa voix.

4. La tribu de Lévi n'eut point de terres dans le partage, parce qu'elle était consacrée au service de Dieu; les autres

D. Par qui les Juifs furent-ils gouvernés après Josué?

R. Ce fut par des juges dont les plus remarquables sont, outre Josué : Débora, Gédéon, Jephté, Samson, Héli et Samuël.

D. Dites-nous quelque chose de Débora.

R. Débora était une prophétesse que Dieu choisit pour gouverner son peuple. Elle défit Sisara, général de Jabin, roi des Chananéens, lequel ayant pris la fuite, entra chez Jahel, femme d'Haber, allié de Jabin. Cette femme, courageuse et craignant Dieu, le cloua contre terre pendant son sommeil.

D. Qu'est-ce que Gédéon fit de remarquable?

R. Gédéon arma ses soldats d'une manière singulière; il leur donna des trompettes et des flambeaux enfermés dans des pots de terre. Dès que le signal fut donné, ils cassèrent les pots les uns contre les autres; le bruit des trompettes, joint à la lueur des flambeaux, jeta l'épouvante parmi les Madianites, qui se tuèrent les uns les autres[1].

D. Que nous dit la sainte Ecriture de Jephté?

R. Jephté se rendit célèbre par la victoire qu'il remporta sur les Ammonites, et encore plus par un vœu indiscret.

D. Quel vœu forma Jephté?

R. Il promit de sacrifier à Dieu, s'il remportait la victoire, le premier objet de sa maison qui se présenterait à ses yeux. Sa fille s'empressa d'aller

---

devaient la nourrir des dîmes de leurs fruits. Mais Jacob avait ordonné, avant sa mort, qu'au lieu de Joseph on compterait ses deux fils, Manassès et Ephraïm; ce qui complète le nombre de 12.

1. Gédéon n'avait, pour cette expédition, que 300 soldats qu'il avait choisis au passage du fleuve sur 32,000; figure du petit nombre des élus.

à sa rencontre pour le féliciter : à cette vue, Jephté, percé de douleur, reconnut l'indiscrétion de son vœu; il l'accomplit cependant, comme l'Ecriture sainte nous l'assure. Quelques-uns croient que ce fut, non en immolant sa fille, mais en la consacrant à Dieu.

D. Dites-nous l'histoire de Samson.

R. Samson a été un des plus fameux juges du peuple de Dieu; il se distingua surtout par sa force plus qu'humaine, par sa faiblesse pour Dalila, et par le genre de sa mort.

D. Quels sont ses principaux exploits?

R. Samson déchira un lion en le prenant par la gueule; il tua mille Philistins avec la mâchoire d'un âne; enleva les portes de la ville de Gaza où on l'avait enfermé pour le prendre, et par mille traits d'une force inouïe il délivra le peuple de Dieu du joug des Philistins. Enfin

> Samson aux Philistins fut toujours invincible,
> Jusqu'à ce que l'amour eût asservi son cœur.
> En perdant ses cheveux il perdit sa vigueur;
> Mais, d'un dernier effort, qu'on croirait impossible,
> En s'écrasant lui-même, il demeura vainqueur.

D. Qu'y a-t-il à remarquer sur Héli?

R. Que sa trop grande indulgence fut la cause de la perte de sa famille et de la sienne. Dieu, irrité des désordres de Phinées et d'Ophni, et du peu de soin de leur père à les réprimer, en tira une vengeance éclatante. En un seul jour l'Arche du Seigneur fut prise[1]; Ophni et Phinées qui la

---

1. Les Philistins mirent l'Arche dans le temple de Dagon; mais, en sa présence, l'idole fut renversée et brisée. Ces infidèles se virent même accablés de tant de maux, qu'ils la renvoyèrent honorablement sur les terres

portaient furent tués, et trente mille Juifs furent taillés en pièces. Le grand prêtre Héli, en apprenant cette fatale nouvelle, tomba à la renverse et eut la tête fracassée.

D. Dites-nous quelque chose de Samuël.

R. Samuël fut consacré au service du Seigneur, dès l'âge de trois ans. Il fut élevé sous les yeux du grand prêtre Héli, et fut favorisé de grandes révélations. Son gouvernement fut très-avantageux aux Juifs; néanmoins, il fut le dernier des juges, et en sa personne finit le gouvernement théocratique.

D. Le livre des Juges ne renferme-t-il pas l'histoire de Ruth?

R. Oui; cette histoire mérite d'être rapportée par les grandes instructions qu'elle renferme. Ruth était une fille moabite. Elle se distingua par un vif attachement pour Noémi, sa belle-mère; aimant mieux partager sa pauvreté et ses disgrâces que de la quitter. Elle se vit elle-même obligée d'aller glaner dans les champs de Booz, afin de pourvoir à sa subsistance et à celle de Noémi.

D. Comment Ruth fut-elle traitée par Booz?

R. Booz, plein d'affabilité et de charité, la traita avec toute la bonté possible; ayant même reconnu qu'elle était sa parente, il l'épousa. Dieu bénit ce mariage par la naissance d'Obed, aïeul de David. Ainsi Ruth, par sa foi et sa piété, mérita d'être comptée parmi les ancêtres du Messie.

D. En quel temps commença le gouvernement des rois, et par qui Saül fut-il sacré?

R. Ce fut l'an du monde 2969 que Saül fut sa-

---

des Juifs. Des Bethsamites, pour avoir regardé l'Arche avec trop de curiosité et trop peu de respect, furent frappés de mort.

cré par Samuël; et il fut reconnu en qualité de roi par toutes les tribus assemblées.

D. Quels furent les commencements du règne de Saül?

R. Les premières années du règne de Saül furent très-heureuses. Il défit les Philistins en plusieurs occasions; mais à cause de sa présomption à s'arroger les fonctions des prêtres et de sa désobéissance [1] mal excusée par le prétexte de la religion, Samuël vint lui annoncer que Dieu l'avait rejeté.

D. Qui succéda à Saül?

R. Ce fut David, jeune berger, dernier fils d'Isaïe. Le prophète Samuël alla le consacrer de la part de Dieu, qui se plut à lui aplanir les voies au trône, en lui faisant remporter une victoire signalée sur Goliath.

D. Comment David vainquit-il Goliath?

R. Personne n'avait osé accepter le défi de ce Philistin, à cause de son énorme stature; mais David, étant venu dans le camp pour voir ses frères, demanda à le combattre. Goliath le voyant approcher, armé seulement d'une fronde et d'un bâton, lui dit: *Me prends-tu pour un chien, en venant à moi avec un bâton? Non,* reprit David, *mais pour l'ennemi du Seigneur.* Il court aussitôt à lui, et d'un coup de fronde lui enfonce une pierre dans le front. Le Philistin tombe; David se jette sur lui et lui coupe la tête avec sa propre épée.

D. Quelle suite eut la mort de Goliath?

R. La mort de ce géant jeta la terreur dans

---

1. Il épargna Agag, roi des Amalécites, avec la meilleure partie de ses troupeaux; et, au reproche que lui en fit Samuël, il répondit qu'il n'avait réservé les troupeaux que pour les offrir à Dieu; le Prophète lui repartit: *Dieu aime mieux l'obéissance que les sacrifices.*

l'armée des Philistins, qui furent taillés en pièces. Bientôt Saül, indigné des louanges que l'on donnait à David, en conçut de la jalousie et chercha tous les moyens de le perdre.

D. Comment se conduisit David à l'égard de Saül qui le persécutait?

R. Il se conduisit toujours avec beaucoup de modération. Ayant pénétré une nuit dans la tente de Saül, pendant qu'il dormait dans le désert de Ziph, où ce prince venait le poursuivre, bien loin de le tuer, comme il l'aurait pu, il respecta l'oint du Seigneur et se contenta de prendre sa lance et sa coupe. Il en fit de même dans une autre rencontre, où il trouva Saül dans une caverne et lui coupa seulement le bord de son manteau, nous montrant par là le respect que nous devons avoir pour nos rois, sur la vie desquels il n'est jamais permis d'attenter, quand même ils seraient des tyrans.

D. Quelle fut la fin de Saül?

R. Ce malheureux prince périt dans la guerre qu'il faisait aux Philistins; toutes ses troupes furent défaites, il y perdit ses trois fils; et, son écuyer refusant de le tuer, il finit en se laissant tomber sur la pointe de son épée.

D. Que fit David en apprenant la mort de Saül?

R. Bien loin d'imiter les méchants, qui se réjouissent de la mort de leurs ennemis, David pleura amèrement Saül et son fils Jonathas, avec qui il avait toujours été lié d'une manière étroite. Il fit même mourir plusieurs personnes qui, croyant lui faire leur cour, se vantaient d'avoir contribué à la mort de Saül et de ses enfants.

D. Que fit David lorsqu'il se vit paisible possesseur de son royaume?

R. Il témoigna sa reconnaissance à Dieu, en

faisant transporter l'Arche, qui était toujours restée chez Aminadab depuis que les Philistins l'avaient renvoyée[1].

D. David persévéra-t-il toujours dans la pratique de la vertu?

R. Non; David se rendit tout à la fois coupable d'adultère par l'enlèvement de Bethsabée, et d'homicide en faisant périr injustement son époux.

D. David fut-il longtemps à se repentir?

R. Quelque temps après, touché par les remontrances du prophète Nathan, David confessa son crime, et entra dans des sentiments de repentir si vifs, qu'il peut être proposé comme le modèle des vrais pénitents.

D. Quelle fut la conduite de Dieu à l'égard de David?

R. Le Seigneur lui déclara, par la bouche de Nathan, qu'il lui remettait son péché, mais qu'il en porterait la peine.

D. Quel fut le principal châtiment de David?

R. Absalon, l'un de ses fils, se révolta contre lui et le chassa de Jérusalem. Il attaqua l'armée de David avec les rebelles qu'il avait entraînés dans sa révolte; mais il fut vaincu par Joab, que David avait mis à la tête de ses troupes.

D. Quelle fut la fin d'Absalon?

R. Cet indigne fils demeura suspendu par les cheveux à un arbre, en fuyant; il y fut percé de trois dards, contre l'ordre de son père. Dieu le permit ainsi, pour donner un exemple terrible aux enfants assez dénaturés pour manquer de respect et d'obéissance à ceux à qui ils doivent le jour.

1. Ce fut dans cette circonstance que le fils d'Aminadab, Oza, fut frappé de mort, pour avoir osé, n'étant pas Lévite, soutenir l'Arche qui était près de tomber.

D. Pourquoi la peste enleva-t-elle soixante-dix mille hommes à David?

R. Parce qu'il s'était laissé emporter à la vanité, en faisant faire le dénombrement de son peuple. Dieu lui donna le choix de trois fléaux : la peste, la guerre et la famine. David, pénétré de regrets, choisit la peste, comme celui des trois fléaux dont il pouvait le moins se garantir.

D. Lequel de ses enfants David choisit-il pour lui succéder?

R. Il choisit Salomon, à la prière de Bethsabée et du prophète Nathan. David vécut encore quelque temps, pendant lequel il recommanda à son peuple d'être fidèle à la Loi, et à son fils de bâtir le temple dont il avait fait les préparatifs.

D. Quelle idée l'Ecriture sainte nous donne-t-elle de David?

R. Elle nous le représente comme un grand roi, un illustre pénitent, un des plus saints personnages de la loi ancienne; enfin, un des prophètes les plus distingués, auteur de la plupart des psaumes où il a consigné ses prédictions.

CINQUIÈME AGE.

Le cinquième âge commence à la fondation du Temple et se termine à la fin de la captivité des Juifs à Babylone. Il a duré 476 ans.

D. Dieu ayant promis à Salomon de lui accorder ce qu'il désirerait, quelle fut la demande de ce jeune prince?

R. Salomon se borna à demander à Dieu la sagesse. Dieu fut si touché de ce choix, qu'il lui promit de le rendre non-seulement le plus sage, mais encore le plus riche et le plus magnifique des rois.

D. En quoi Salomon fit-il éclater sa sagesse ?

R. En élevant en l'honneur du vrai Dieu le temple le plus magnifique qui fut jamais.

Il rendit ce jugement si célèbre sur la contestation de deux femmes qui se disputaient un enfant.

Nous le voyons encore dans ses écrits, où il enseigne la sagesse véritable [1], qui consiste à connaître Dieu, à le craindre et à observer ses commandements.

D. Salomon conserva-t-il toujours cette grande sagesse ?

R. Non ; Salomon fit la chute la plus honteuse, et perdit la sagesse en épousant plusieurs femmes étrangères qui le portèrent à l'idolâtrie [2].

D. Comment Dieu punit-il une telle ingratitude ?

R. Dieu épargna Salomon, en mémoire de David, son serviteur, mais il fut puni dans la personne de Roboam, son fils et son successeur, contre lequel dix tribus se révoltèrent.

D. A quelle occasion cette révolte eut-elle lieu ?

R. Parce que Roboam refusa de les affranchir des impôts extraordinaires dont son père les avait surchargées.

D. Combien y eut-il alors de royaumes ?

R. Deux ; savoir : le royaume de Juda, composé des tribus de Juda et de Benjamin [3], et le royaume

---

1. Cette sagesse le fit rechercher des plus grands princes de son temps. La reine de Saba étant venue du fond du midi à Jérusalem pour le voir, avoua que ce qu'elle voyait était infiniment au-dessus de ce que la renommée lui en avait appris.
2. On ignore s'il s'est repenti de ses excès avant sa mort.
3. La tribu de Lévi, se trouvant privée de ses fonctions

d'Israël, composé des autres tribus qui élurent pour roi Jéroboam, de la tribu d'Ephraïm.

ROYAUME DE JUDA
(An 3029).

D. Combien y eut-il de rois de Juda?
R. On en compte vingt, dont les principaux sont : Roboam, Josaphat, Athalie (reine), Joas, Ezéchias, Manassès et Josias.
D. Comment vécut Roboam pendant son règne?
R. Roboam fit d'abord paraître beaucoup de piété, mais il imita ensuite l'idolâtrie de son père. Il en fut puni par le pillage du Temple que fit Sésac, roi d'Egypte. Plusieurs de ses successeurs furent aussi idolâtres, vicieux, injustes et cruels, ce qui alluma bien des fois la colère de Dieu contre la Judée.
D. Quelle est l'histoire de Josaphat, arrière-petit-fils de Roboam ?
R. La voici en vers :

On trouve peu de rois égaux à Josaphat :
S'il fut excellent prince, il fut sévère juge;
Il fut des malheureux l'infaillible refuge.
Avec un soin extrême il réforma l'Etat;
Du Seigneur en tous lieux il rétablit le culte.
Le peuple fut instruit sans guerre et sans tumulte;
Aussi, sans autre effort que de pieux accents,
Que poussèrent au Ciel ces ardentes prières,
  Il repoussa deux ennemis puissants[1]

par Jéroboam, quitta son parti et se réunit au royaume de Juda.

1. Les Moabites et les Ammonites.

De qui les camps unis désolaient les frontières ;
Et Dieu, l'appui des innocents,
Lui fit voir les auteurs de ces rudes alarmes
Périr par leur fureur et par leurs propres armes.
M. Doujat.

D. Qu'y a-t-il à remarquer sur Athalie ?

R. Cette femme ambitieuse et cruelle s'empara de la souveraine autorité après la mort d'Ochosias, petit-fils de Josaphat. Pour s'affermir sur le trône, elle fit massacrer tous ses enfants et tous les princes de la maison royale. Le petit Joas seul échappa à sa cruauté ; il fut sauvé par Josabeth, sa tante, femme du grand prêtre Joïada, qui l'éleva dans le Temple, et qui, par la suite, le fit reconnaître pour roi par tout le peuple. La barbare Athalie fut punie de mort à son tour.

D. Quelle fut la conduite de Joas sur le trône ?

R. Tant que le grand prêtre Joïada vécut, il ne s'écarta point des sentiments nobles et vertueux qu'il avait fait paraître dans ses jeunes ans. Mais, après la mort de son bienfaiteur, il poussa l'ingratitude si loin, qu'il fit lapider Zacharie, fils de Joïada, dans le vestibule du Temple, parce qu'il lui reprochait d'avoir abandonné Dieu.

D. Comment mourut le malheureux Joas ?

R. Il fut massacré par ses propres officiers, après avoir longtemps servi de jouet à ses ennemis.

D. Comment Ezéchias, 13e roi de Juda, se conduisit-il pendant son règne ?

R. Ezéchias fit régner la vertu et la piété dans tout son royaume. Il fit rouvrir le Temple que son père Achaz avait fermé, remit les Lévites dans leurs fonctions, et rétablit entièrement le culte du vrai Dieu.

D. Rapportez-nous quelque trait remarquable du règne d'Ezéchias..

R. Sennachérib, roi de Ninive, irrité du refus qu'Ezéchias avait fait de lui payer tribut, vint avec une armée nombreuse dans le dessein d'exterminer Jérusalem. Ezéchias, dans cette conjoncture critique, prit toutes les mesures nécessaires pour mettre la ville en état de faire une vigoureuse défense; mais, en roi pieux, il n'attendit sa délivrance que du secours divin. Les Juifs, qui n'avaient pas la même confiance en Dieu, envoyèrent demander du secours aux rois d'Egypte et d'Ethiopie; mais Sennachérib tailla en pièces les Ethiopiens et subjugua entièrement l'Egypte.

D. Dieu exauça-t-il enfin les prières de son fidèle serviteur?

R. Sennachérib avait mérité les coups de la vengeance divine par son orgueil et par son impiété. Dans le temps que ce roi audacieux se préparait à faire l'attaque générale de Jérusalem, Dieu envoya l'Ange exterminateur, qui, dans une nuit, tua 185,000 Assyriens. Sennachérib, à son réveil, ayant vu cette désolation, s'en retourna aussitôt à Ninive, où il fut tué par ses propres enfants.

D. Manassès, fils et successeur d'Ezéchias, imita-t-il la piété de son père?

R. Manassès ne chercha, au contraire, qu'à relever les idoles que son père avait abattues. Il mit le comble à toutes ses impiétés, en faisant mourir le prophète Isaïe qui les lui reprochait. Dieu, pour le punir, permit qu'il fût chargé de chaînes et mené captif à Babylone. Dans ce triste état, Manassès reconnut ses crimes et implora la miséricorde de Dieu, qui, touché de son repentir et de sa pénitence, le rétablit sur le trône de Jérusalem..

D. N'est-ce pas à cette époque qu'Holopherne vint avec 100,000 hommes assiéger Béthulie?

R. Oui. Ce général des Assyriens menaçait de mettre tout à feu et à sang, et cette ville était réduite à la dernière extrémité, lorsque Dieu, touché des prières de ses habitants, la délivra d'une manière miraculeuse par le moyen de Judith.

D. Dites-nous l'histoire de Judith.

R. Judith était une jeune veuve qui relevait l'éclat de sa beauté par une piété admirable. Voyant sa patrie dans le plus grand danger, elle forma le dessein de la délivrer. Après avoir beaucoup imploré le secours de Dieu, elle se para de ses plus beaux habits et alla au camp d'Holopherne. Celui-ci, épris de la beauté de Judith, lui fit le plus grand accueil et donna même en son honneur un grand festin où il s'enivra. Judith, voyant Holopherne plongé dans le vin, lui coupa la tête et l'emporta à Béthulie, où elle chanta un cantique d'actions de grâces.

D. Il nous reste à parler de Josias; que fit-il de remarquable?

R. Josias, petit-fils de Manassès, monta sur le trône à l'âge de huit ans. Il donna dès lors des marques d'un bon naturel et d'une grande piété, dont il ne se démentit jamais. Il purifia Jérusalem et le royaume de Juda de toutes les abominations qu'on y avait commises avant son règne, et il eut la consolation de voir ses sujets se rendre les imitateurs de ses bons exemples.

D. Comment vécurent les derniers rois de Juda?

R. Ils vécurent avec leur peuple dans une grande licence, sans vouloir écouter les avertissements qu'ils recevaient tous les jours de la bouche des prophètes, d'où s'ensuivit la captivité de Babylone qui dura soixante-dix ans.

D. Quel fut le ministre des vengeances de Dieu dans cette circonstance ?

R. Ce fut Nabuchodonosor, roi d'Assyrie. Ce prince pilla et détruisit entièrement Jérusalem, brûla le Temple, en transporta les vases sacrés à Babylone, et emmena le peuple juif en captivité, laissant la terre d'Israël presque déserte. (An du monde 3406.)

D. Qu'arriva-t-il de remarquable aux Juifs pendant leur captivité ?

R. Il leur arriva plusieurs événements très-capables d'instruire et d'édifier : la chaste Suzanne faussement accusée et délivrée par le jeune Daniel ; les trois jeunes Hébreux conservés miraculeusement dans la fournaise ; Daniel préservé des lions ; Esther délivrant le peuple par son généreux dévouement ; enfin, le châtiment terrible de l'orgueilleux Nabuchodonosor.

D. Racontez-nous l'histoire de Suzanne.

R. Suzanne était une Juive d'une rare beauté, qui avait été élevée par ses parents dans la crainte de Dieu et dans l'amour de la vertu. Deux infâmes vieillards tentèrent de la séduire, et la menacèrent de l'accuser d'adultère si elle résistait à leur mauvais dessein. *J'aime mieux mourir innocente,* leur répondit-elle, *que de commettre un péché devant Dieu qui me voit.* Les vieillards, outrés de dépit, déposèrent contre elle. Suzanne allait être lapidée, lorsque Daniel, âgé seulement de douze ans, convainquit les deux vieillards d'imposture. Ils portèrent sur l'heure la peine de leur crime, et subirent la mort qu'ils destinaient à Suzanne.

D. Qu'était-ce que Daniel ?

R. Daniel était un des captifs de la race des

rois de Juda qui, dans la cour de Babylone et dans les plus grands emplois du royaume, mena toujours une vie très-pure et très-sainte[1].

D. Pourquoi les trois jeunes Hébreux, Ananie, Azarie et Mizaël, furent-ils jetés dans la fournaise ?

R. Pour n'avoir pas voulu adorer la statue de Nabuchodonosor. Dieu, pour les récompenser de leur fermeté, envoya un ange qui arrêta la violence du feu[2]. Le roi, surpris de ce miracle, les fit sortir de la fournaise et défendit, sous peine de mort, de blasphémer le Dieu que ces jeunes gens adoraient.

D. Comment Dieu punit-il l'orgueil de Nabuchodonosor ?

R. Dieu, voulant faire voir en sa personne combien il abhorre l'orgueil et les orgueilleux, le réduisit à la condition des bêtes ; ses cheveux devinrent tout à coup comme les plumes d'un aigle, et ses ongles comme les griffes d'un oiseau de proie ; il brouta l'herbe pendant sept ans. Ayant témoigné de son repentir, Dieu le rendit à son premier état et le rétablit dans son royaume[3].

1. Dieu lui révéla plusieurs secrets de l'avenir. Il vit distinctement la succession des quatre grandes monarchies jusqu'à la venue du Christ ; savoir : l'empire des Assyriens, auquel succéda celui des Mèdes et des Perses ; puis l'empire des Grecs subjugué par les Romains. Il connut le temps précis auquel le Messie devait venir ; celui auquel il serait mis à mort par son peuple, et qu'alors Jérusalem et le peuple juif seraient détruits à jamais. Ceci se trouve contenu dans la prophétie de Daniel, appelée *la prophétie des soixante et dix semaines* : ce sont des semaines d'années, qui font ensemble l'espace de 490 ans.

2. Les trois jeunes Hébreux chantèrent alors le cantique : *Benedicite omnia opera Domini Domino* ; invitant toutes les créatures à se joindre à eux pour bénir le Seigneur.

3. Nabuchodonosor, pénétré de la grandeur de Dieu et

D. Quel fut le châtiment de Balthasar pour avoir profané les vases du Temple?

R. Balthasar, au milieu d'un festin, vit une main qui écrivait sur la muraille l'arrêt de sa condamnation. Saisi de frayeur, il fit venir Daniel, qui lui dit que son royaume serait transféré aux Perses et aux Mèdes. Ce qui s'accomplit en effet dans la même nuit.

D. Pourquoi Daniel fut-il jeté dans la fosse aux lions?

R. Parce qu'il avait adoré le vrai Dieu malgré la défense du prince. Dieu permit que les lions ne lui fissent aucun mal; il le garantit même de la faim, lui faisant apporter à manger par le prophète Habacuc, qu'un ange transporta en un instant. Le roi Darius, surpris de ce double miracle, fit jeter dans la fosse ceux qui avaient accusé Daniel.

D. Racontez en peu de mots l'histoire d'Esther.

R. Esther était une Juive que la Providence avait élevée sur le trône de Perse; mais son origine était inconnue à la cour. Aman, ministre et favori du roi Assuérus, irrité de ce que le Juif Mardochée ne voulait point fléchir le genou devant lui, résolut, par esprit de vengeance, d'exterminer toute la nation juive. Esther, instruite de cet édit cruel par son oncle Mardochée, résolut de se sacrifier pour son peuple. Elle parvint à dessiller les yeux du monarque, et l'orgueilleux Aman fut pendu à la même potence qu'il avait fait dresser pour Mardochée.

touché de sa miséricorde, fit un décret par lequel il ordonnait à tous ses sujets de le reconnaître pour le seul vrai Dieu. Plusieurs Pères croient que Nabuchodonosor resta fidèle à Dieu jusqu'à sa mort.

ROYAUME D'ISRAEL

(An 3029).

D. Combien y eut-il de rois d'Israël ?

R. Il y en eut dix-neuf qui se souillèrent presque tous par leurs impiétés ; aussi moururent-ils la plupart d'une mort violente.

D. Quels furent les principaux rois d'Israël ?

R. Ce furent Jéroboam, Achab et Jéhu, qui fut sacré roi d'Israël par un ordre particulier de Dieu.

D. Quelle fut la conduite de Jéroboam lorsqu'il se vit paisible possesseur de son nouveau royaume ?

R. Ce rebelle, craignant que les Israélites ne retournassent à leur roi légitime, s'ils continuaient d'aller offrir leurs prières et sacrifices au temple de Jérusalem, fit faire deux veaux d'or, en disant que c'étaient là les dieux qui les avaient tirés de l'Égypte. Il éleva plusieurs autels, établit des sacrificateurs qui n'étaient pas de la tribu de Lévi, institua une fête de son invention, gardant au reste la loi de Dieu. Ce fut ainsi que Jéroboam consomma le schisme des dix tribus.

D. Quelles furent les impiétés d'Achab, septième roi d'Israël ?

R. Elles furent si grandes, qu'elles passèrent celles de ses prédécesseurs. Il bâtit un temple à Baal et persista dans son idolâtrie, malgré les miracles que fit le prophète Élie pour le convaincre de la fausseté de ce culte. Outre cela, il fit mourir l'innocent Naboth que la reine Jézabel avait fait accuser par de faux témoins pour s'emparer de sa vigne.

D. Comment Dieu punit-il les impiétés d'Achab?

R. Il les punit par une sécheresse de trois ans, qu'il fit prédire par Elie.

D. N'est-ce pas alors que ce saint prophète fut reçu par la pauvre veuve de Sarepta?

R. Oui; et Dieu agréa si fort la charité de cette sainte femme, que son huile et sa farine ne diminuèrent point jusqu'au temps de pluie, et qu'Elie ressuscita son fils unique qui était mort.

D. Vous avez souvent parlé des prophètes ; dites-nous quels hommes c'étaient.

R. Les prophètes étaient des hommes suscités de Dieu pour instruire et consoler son peuple, pour prédire, par l'inspiration du Saint-Esprit, les choses futures, et surtout pour annoncer la venue du Messie.

D. Quels sont les noms des principaux prophètes ?

R. Il y en a quatre qu'on appelle grands prophètes. Ce sont : Isaïe, Jérémie, Ezéchiel et Daniel.

Il y en a douze autres qu'on appelle petits prophètes. Voici leurs noms : Ozée, Joël, Amos, Abdias, Jonas, Michée, Nahum, Habacuc, Sophonie, Aggée, Zacharie, Malachie.

D. N'y avait-il pas aussi de faux prophètes ?

R. Il y en avait en grand nombre, qui faussement se disaient inspirés de Dieu ; mais, bien loin de reprocher aux rois leurs crimes avec une sainte liberté, ils les flattaient et ne leur prédisaient que des choses agréables.

D. Comment Elie confondit-il les prophètes de Baal ?

R. En faisant descendre le feu du ciel, qui consuma l'holocauste qu'il offrait au Seigneur;

les prêtres de Baal voulurent faire la même chose, mais tous leurs efforts furent inutiles. Achab, frappé de ce prodige, fit tuer à l'instant tous les prophètes de l'idole.

D. Jézabel fut-elle fâchée de la mort de ces faux prophètes?

R. Elle en fut si irritée qu'elle voulut faire mourir Elie. Ce saint homme, effrayé, s'enfuit dans le désert, où un ange lui apporta à manger. Il marcha ensuite quarante jours sans prendre aucune nourriture. Lorsqu'il fut arrivé à la montagne d'Oreb, Dieu lui dit de faire sacrer Jéhu, roi d'Israël, et de lui ordonner d'exterminer toute la race de l'impie Achab.

D. Comment mourut Achab?

R. Il fut percé d'une flèche tirée au hasard, dans un combat que lui livra le roi de Syrie.

D. Qui succéda à Achab?

R. Ce fut Ochosias et ensuite Joram, que Jéhu fit périr dans la vigne de l'innocent Naboth. Jézabel, leur mère, y fut précipitée du haut d'une fenêtre par l'ordre de Jéhu, et son corps, foulé aux pieds des chevaux, fut dévoré par les chiens[1]. Ainsi fut punie cette superbe reine qui avait fait tous ses efforts pour qu'il ne restât aucune trace du culte divin.

D. Qu'est-ce que la sainte Ecriture nous dit encore d'Elie?

R. Dieu, voulant récompenser les vertus de ce saint prophète, l'enleva au ciel dans un char de feu.

D. Quels prodiges fit Elisée, disciple d'Elie?

R. Il divisa les eaux du Jourdain avec le

---

1. Ces circonstances de la mort de Joram et de Jézabel avaient été prédites par le prophète Elie.

manteau d'Elie, ôta avec du sel l'amertume de la fontaine de Jéricho, et prédit une famine qui arriva sept ans après. Il aveugla les Syriens qui étaient venus pour le prendre, guérit de la lèpre Naaman, leur général; ressuscita le fils de la Sunamite, et fit dévorer par deux ours quarante-deux enfants qui s'étaient moqués de lui.

D. Quelle autre prédiction Élisée fit-il encore?

R. Les habitants de Samarie étaient réduits à une telle extrémité, que les femmes en vinrent jusqu'à manger leurs enfants. Au milieu de cette affreuse détresse, Élisée prédit que les vivres se donneraient le lendemain presque pour rien.

D. Comment cette étonnante prédiction s'accomplit-elle?

R. Dieu fit entendre aux Syriens le bruit d'une armée formidable qui venait les attaquer. Ils prirent la fuite, tout épouvantés, laissant dans leur camp des vivres en abondance.

R. Jéhu, qui avait montré tant de zèle pour le culte du vrai Dieu, ne mit-il pas fin au schisme d'Israël?

R. Non; ce prince ne persévéra pas dans les bons sentiments qu'il avait d'abord témoignés.

D. Dites-nous l'histoire de Jonas, qui parut sous le règne de Jéroboam II?

R. Jonas, ayant reçu l'ordre de Dieu d'aller prêcher la pénitence aux Ninivites, s'embarqua par crainte pour aller ailleurs; mais, une furieuse tempête s'étant élevée tout à coup, on le jeta dans la mer. Il fut reçu par une baleine qui le rendit sur le rivage trois jours après[1]. Jonas alors, plus soumis aux ordres de Dieu, alla à Ninive. Les habi-

---

1. Jonas, dans le ventre de la baleine, est la figure de Jésus-Christ dans le tombeau.

tants de cette grande ville, touchés de sa prédiction, firent pénitence et Dieu leur pardonna.

D. Comment vécurent les derniers rois d'Israël?

R. Ils ne montèrent, pour la plupart, sur le trône que par des meurtres. Bientôt le royaume d'Israël fut subjugué. Salmanazar prit enfin Samarie et emmena le roi Osée captif à Ninive avec les dix tribus.

D. L'histoire des dix tribus ne nous offre-t-elle pas quelque grand exemple de piété?

R. Au milieu de la prévarication générale, le Seigneur conserva toujours quelques serviteurs fidèles, entre autres le saint homme Tobie, dont la vertu éclata particulièrement lors de la captivité. Dieu, après lui avoir ménagé de bien grandes épreuves, lui fit trouver ensuite de bien douces consolations.

D. Donnez-nous une idée de l'histoire de Tobie.

R. Tobie était un saint personnage de la tribu de Nephtali, recommandable surtout par ses œuvres de charité, par sa résignation et sa patience. Étant devenu aveugle et réduit à la pauvreté, il engagea son fils, dont les sentiments et la vertu faisaient toute sa consolation, à aller redemander à Gabélus les dix talents qu'il lui avait prêtés. Le jeune Tobie avait besoin d'un guide: l'ange Raphaël se présenta sous la figure d'un jeune homme pour l'accompagner. Il le délivra d'un poisson monstrueux qui allait le dévorer, lui fit éprouver divers avantages, et enfin le rendit à son père, qui recouvra encore la vue par le moyen que suggéra ce bienfaiteur céleste. Les deux Tobie sont des modèles accomplis pour les pères de famille et pour leurs enfants.

D. Les Israélites schismatiques virent-ils un terme à leur captivité?

R. Non; ils avaient abusé trop longtemps des miséricordes du Seigneur. Ils se répandirent dans les parties septentrionales de l'Asie. A leur place, les rois d'Assyrie envoyèrent des colonies d'autres peuples que l'on appela depuis Samaritains.

Ainsi finit le royaume d'Israël, après avoir duré 255 ans, depuis qu'il se fut séparé de celui de Juda. (An du monde 3284.)

MŒURS ET COUTUMES DES ISRAÉLITES.

D. Comment les Juifs étaient-ils habillés?

R. Ils portaient des robes longues et n'avaient d'autres chaussures que des semelles diversement attachées. Leurs habits n'avaient presque point de façon; ils avaient même l'art d'en faire sans couture, comme la tunique de N.-S. Jésus-Christ.

D. Quelles étaient les étoffes dont les Juifs s'habillaient?

R. Leurs étoffes étaient la plupart de laine; ils se servaient aussi de fin lin, de coton et de bisse. Les couleurs les plus estimées étaient le blanc et la pourpre violette : il n'y avait que les enfants qui portassent des robes bigarrées. Les ornements des habits étaient des franges, des bordures de pourpre ou de broderie, et quelques agrafes d'or ou de pierreries. Il était ordonné aux Israélites de porter au coin de leurs manteaux des houppes violettes, pour les faire penser continuellement à la loi de Dieu.

D. Quels étaient les habillements des femmes?

R. Les femmes juives étaient beaucoup plus

recherchées dans leurs parures que leurs maris. On en peut juger par les reproches que le prophète Isaïe fait aux filles de Sion sur leur luxe et leur mondanité.

D. Quelles étaient les marques de deuil chez les Israélites?

R. C'était de déchirer ses vêtements, de se battre la poitrine, de se revêtir de cilice ou d'habits sales, de se mettre des cendres sur la tête au lieu de parfums. Les Israélites alors ne mangeaient point, ou seulement après le coucher du soleil. Ils gardaient un profond silence, ou ne parlaient que pour se plaindre; en sorte que leur deuil renfermait toutes les marques d'une douleur véritable.

D. Par qui la justice était-elle administrée chez les Juifs?

R. Par deux sortes d'officiers : les Sophétins, qui étaient les juges, et les Soterins, ministres de la justice, que Moïse avait établis en chaque ville. Ces charges étaient remplies par des Lévites. On pouvait appeler de leur jugement au grand Sanhédrin.

D. Qu'était-ce que le Sanhédrin?

R. C'était un conseil souverain composé de soixante-douze anciens, dont le souverain Pontife était le chef. Ce conseil jugeait en dernier ressort; il élisait les rois et était le dépositaire du sceptre de Juda. Il a subsisté jusqu'à Hérode l'Ascalonite, qui l'abolit.

SIXIÈME AGE.

Le sixième âge a commencé à la fin de la captivité des Juifs à Babylone et a fini à la naissance de Jésus-Christ. Il comprend 532 ans.

D. Quel fut le libérateur des Juifs?

R. Ce fut Cyrus, roi de Perse [1], qui, ayant conquis tout l'Orient, permit aux Juifs de retourner dans leur pays et d'y rebâtir le Temple [2]. Ils revinrent au nombre de quarante-deux mille, sous la conduite de Zorobabel. Quelque temps après, Esdras [3] ramena les Juifs qui étaient restés dans le pays, et Néhémie obtint du roi [4] la permission de rebâtir les murs et les tours de Jérusalem.

D. Qui gouverna les Juifs après leur retour?

R. Ils vécurent toujours sous la domination des Perses, jusqu'à ce qu'Alexandre le Grand, vainqueur de l'Asie, conquît la Perse sous Darius Codoman.

D. Alexandre étant mort peu de temps après, de qui la Judée releva-t-elle alors?

R. Elle releva d'abord des Ptolémée, rois d'E-

1. Cyrus avait été désigné par le prophète Isaïe, comme le libérateur du peuple de Dieu, deux siècles auparavant.

2. A cause des oppositions des Samaritains, on fut quarante-neuf ans à rebâtir ce superbe édifice, qui, malgré tous les efforts des Juifs, ne put jamais approcher de son ancienne splendeur.

3. Esdras, de la tribu de Lévi, très-savant dans la Loi de Dieu, instruisit le peuple et recueillit les livres sacrés. Ceux qui avaient été composés depuis Moïse, pour faire suite à l'histoire du peuple de Dieu, sont : le livre de Josué, celui des Juges, les quatre livres des Rois, les deux livres appelés les Paralipomènes, le livre d'Esdras, celui de Néhémias; puis les livres des Machabées. En outre, les livres d'instructions et de louanges, savoir : les Psaumes de David, les Proverbes, l'Ecclésiaste et le Cantique des Cantiques de Salomon, le livre de la Sagesse et de l'Ecclésiastique. Puis les livres des quatre grands Prophètes et ceux des douze petits Prophètes; les livres contenant les histoires de Ruth, de Tobie, de Judith, d'Esther et de Job. — Tous ces livres, joints au Pentateuque, composent les écritures de l'Ancien Testament.

4. Artaxercès Longue-Main, que l'on croit être le même qu'Assuérus, régnait alors en Perse.

'gypte ; et Ptolémée Philadelphe fit traduire la Bible de l'hébreu en grec.

D. De qui Ptolémée se servit-il pour faire cette célèbre version?

R. Il se servit de soixante-douze interprètes, que le grand prêtre Eléazar choisit parmi les Juifs les plus savants. Cette traduction très-respectable est connue sous le nom de *Version des Septante*[1].

D. Les Juifs ne relevèrent-ils pas ensuite des rois de Syrie?

R. Oui ; et Séleucus, ayant tenté de faire enlever les trésors du Temple, Dieu fit éclater sa colère, et l'on ne put exécuter ses ordres.

D. Comment Héliodore, premier ministre de Séleucus, fut-il traité lorsqu'il allait piller le Temple?

R. Héliodore, en entrant dans le Temple, fut arrêté par un homme terrible, monté sur un cheval, qui le foula aux pieds, tandis que deux anges le fouettaient avec des verges, et l'eussent tué, si le grand prêtre Onias n'eût prié pour cet impie.

D. Qu'arriva-t-il aux Juifs sous le règne d'Antiochus Epiphane?

R. Ce prince voulut forcer les Juifs à se conformer aux mœurs et aux superstitions des Grecs. Il employa tous les moyens pour les faire renoncer à leurs lois et à leur religion [2].

D. Quels furent les plus illustres martyrs dans cette persécution?

---

1. Ptolémée la fit mettre dans sa bibliothèque, qui était composée de deux cent mille volumes; ce qui est à peine croyable dans un temps où l'imprimerie n'était pas encore découverte.

2. Antiochus surprit Jérusalem, profana le Temple et fit cesser les sacrifices.

R. Le saint homme Eléazar[1] et les sept frères Machabées furent les plus illustres victimes de la barbarie de ce prince. Il fit souffrir à ces derniers des tourments horribles. Leur digne mère, qui les encourageait par l'espérance de la résurrection bienheureuse, partagea bientôt leur sort.

D. Racontez en vers le martyre des Machabées.

R. Le voici; c'est Misaël, le plus jeune des Machabées, qui parle à Salomé, sa mère.

Leur mort est un triomphe, et nos saintes annales
N'ont jamais célébré des victoires égales.
Par l'horreur des tourments, loin qu'ils fussent vaincus,
Leur intrépidité troublait Antiochus.
Des supplices nouveaux renaissait leur courage.
Oui, madame, leur joie humiliait sa rage,
Et le tyran confus, même en donnant ses lois,
Paraissait un esclave, et mes frères des rois.
Grand Dieu! tels sont les cœurs que ta bonté protége.
Aux portes du palais, un autel sacrilége
Pour le Dieu des gentils fumait d'un fol encens.
De la mort, près de là, les apprêts menaçants
D'un échafaud dressé couvraient presque l'espace.
Et mes frères et moi nous occupions la place
Qui séparait de nous l'échafaud et l'autel:
Là, nos ardents désirs hâtaient le coup mortel.
Voilà, nous a-t-on dit, la vie ou le trépas;
Vous n'avez qu'à choisir. Nous ne choisissons pas,
Crions-nous; dès longtemps résolus au supplice,
Voilà, voilà l'autel de notre sacrifice.
Et, de la même ardeur enflammés aussitôt,
Nous voulions à l'envi monter sur l'échafaud.
Arrêtez, laissez-moi, dit l'aîné de mes frères,
M'immoler le premier pour le Dieu de nos pères,

---

[1]. La chair de porc et autres viandes difficiles à digérer étaient défendues aux Juifs. Eléazar aima mieux mourir que de faire semblant d'en manger, de peur de donner un mauvais exemple aux jeunes gens par cette feinte.

Cet honneur m'appartient, et c'est l'unique fois
Que sur vous mon aînesse a réclamé ses droits.
Nous avons obéi, madame; et son courage
Méritait le respect encor plus que son âge.
Ce héros à l'instant se jette dans les mains
Qu'armaient contre ses jours cent tourments inhumains.
Tout son sang a jailli sous les verges cruelles;
Ils essayaient sur lui des tortures nouvelles;
Ses membres par le fer, tour à tour déchirés,
Sont aussi par le feu tour à tour dévorés.
Il meurt de ce supplice; et soudain, à l'envi,
Non moins dignes de Dieu, les autres l'ont suivi.
Figurez-vous toujours la même violence,
Et les mêmes tourments et la même constance.
Voyez-les, au milieu de leurs maux effrayants,
Lancer encore au roi des discours foudroyants;
Insulter saintement à son orgueil farouche.
L'Éternel avait mis son esprit en leur bouche :
Et leur voix prophétique, organe du Seigneur,
Accablait le tyran d'un avenir vengeur.
L'orgueilleux frémissait, et sa colère aigrie,
De ses bourreaux trop lents irritait la furie.

M. DE LA MOTHE.

D. Qui s'opposa à la persécution d'Antiochus ?

R. Le grand Mathathias et ses enfants [1] prirent les armes pour la défense de leurs lois et de leur religion. Quelques Juifs des plus zélés se joignirent à eux; et, malgré leur petit nombre, ils reprirent Jérusalem, purifièrent le Temple, rétablirent les

---

1. Judas Machabée se distingua parmi ses frères. Il vainquit en plusieurs combats les généraux d'Antiochus, quoique, dans une de ces rencontres, il n'eût que 3,000 hommes contre 40,000. Ces victoires furent la récompense de sa grande confiance en Dieu et de sa piété.

sacrifices et affranchirent entièrement le peuple de Dieu du joug des nations infidèles.

D. A qui fut confiée la conduite du peuple juif après la mort de Judas Machabée, sous lequel se firent les exploits dont nous venons de parler ?

R. Jonathas, son frère, lui succéda ; et, après sa mort, Simon, le dernier des fils de Mathathias, réunit en sa personne l'autorité temporelle à la puissance spirituelle ; mais ce ne fut qu'*en attendant le Christ, fils de David.*

D. Les descendants de Simon ne prirent-ils pas aussi le titre de rois ?

R. Oui, mais leur puissance ne fut pas de longue durée ; car les Romains, déjà maîtres d'une grande partie du monde, conquirent l'Orient sous la conduite de Pompée, et ruinèrent en même temps les rois de Syrie et les rois des Juifs.

D. Quelle fut la fin de l'impie Antiochus ?

R. Antiochus périt en impie et en scélérat. Dieu, dit l'Ecriture, le brisa contre terre. Tout son corps se changea en pourriture. Il exhalait une odeur insupportable, et nous apprit par sa mort funeste à ne pas attendre trop tard à implorer la miséricorde de Dieu.

D. Vous avez dit que les Romains se rendirent maîtres de la Judée ; comment Hérode en obtint-il le gouvernement ?

R. Ce fut par la faveur de Jules César, et ensuite d'Auguste.

D. Hérode était-il de la race des Juifs ?

R. Non, il était Iduméen [1]. C'était un prince sanguinaire et dénaturé, jusqu'au point de faire

1. D'après la prophétie de Jacob, le Messie devait paraître lorsque le sceptre sortirait de Juda.

mourir sa femme et plusieurs de ses enfants [1]. Jésus-Christ naquit sous son règne; mais, bien loin de le reconnaître pour le Messie, il voulut le faire périr dans le massacre des innocents. Hérode mourut dans des douleurs effroyables.

1. Auguste dit à cette occasion qu'il valait mieux être le pourceau que le fils d'Hérode.

HISTOIRE

DU

NOUVEAU TESTAMENT

D. Quels sont les livres qui contiennent l'histoire du Nouveau Testament?

R. Ce sont les quatre Evangiles de S. Matthieu, de S. Marc, de S. Luc et de S. Jean; les actes des Apôtres, écrits par S. Luc; les Epîtres de plusieurs apôtres, savoir : quatorze de S. Paul, une de S. Jacques, deux de S. Pierre, trois de S. Jean, une de S. Jude, et l'Apocalypse de S. Jean.

D. Doit-on porter un grand respect à l'Ecriture sainte, c'est-à-dire aux livres de l'Ancien et du Nouveau Testament?

R. Oui; l'Ecriture sainte et la tradition renfermant ce que Dieu a révélé et tout ce que l'Eglise propose de croire aux fidèles. Son autorité seule suffirait pour exiger notre soumission; mais il a plu à Dieu de donner quantité d'autres preuves de l'authenticité et de la divinité des livres saints.

D. Quelles sont ces preuves?

R. Ce sont les miracles et les prophéties dont Dieu seul peut être l'auteur.

SEPTIÈME AGE.

Le septième âge comprend ce qui s'est passé depuis Jésus-Christ jusqu'à nous. Il a duré 18...

HISTOIRE DU NOUVEAU TESTAMENT.

D. En quel état était le monde avant la venue du Messie ?

R. L'idolâtrie régnait dans tout l'univers, et le vrai Dieu n'était adoré que par les Juifs ; encore étaient-ils divisés en plusieurs sectes, telles que les Saducéens [1], les Pharisiens et les Hérodiens.

D. Quels prodiges précédèrent la naissance du Messie ?

R. L'ange Gabriel qui, cinq cents ans auparavant, avait prédit la venue du Messie à Daniel, fut choisi de Dieu pour aller annoncer que le temps en était arrivé. Il dit à Zacharie que sa femme Elisabeth, qui jusqu'alors avait été stérile, concevrait un fils qu'on appellerait Jean, et qu'il serait le précurseur du Messie.

D. Que dit l'ange Gabriel à Marie ?

R. Après l'avoir saluée comme pleine de grâce, il lui assura qu'elle serait la mère du Messie sans cesser d'être vierge.

D. Quel mystère s'opéra dans le chaste sein de Marie lorsqu'elle eut prononcé ces mots : *Qu'il me soit fait selon votre parole ?*

R. Elle conçut le fils de Dieu par l'opération du Saint-Esprit.

D. Que fit la sainte Vierge après avoir conçu le Messie ?

R. Elle alla visiter sa cousine Elisabeth. Cette visite fut une source de bénédictions pour toute la famille, particulièrement pour saint Jean-Baptiste, qui fut purifié du péché originel avant de naître.

D. N'est-ce pas dans cette circonstance que

---

1. Les Saducéens niaient l'immortalité de l'âme, la résurrection des corps, etc.—Les Pharisiens menaient une vie très-corrompue, sous l'apparence d'une vie très-réglée. — Les Hérodiens croyaient qu'Hérode était le Messie.

la sainte Vierge composa le cantique *Magnificat*?

R. Oui, Elisabeth, remplie du Saint-Esprit, l'ayant saluée comme la mère de son Seigneur, Marie prononça ce célèbre cantique, qui sera à jamais la gloire des humbles et la confusion des superbes.

D. Où la sainte Vierge mit-elle au monde son fils Jésus-Christ?

R. A Bethléem, petite ville de la tribu de Juda [1].

D. Dieu ne fit-il point connaître la naissance de son fils?

R. Oui; un ange l'annonça à des bergers, qui se hâtèrent de présenter leurs hommages à ce Dieu enfant. Des mages en furent aussi avertis par une étoile extraordinaire et vinrent de l'Orient lui offrir de l'or, de l'encens et de la myrrhe.

D. Où demeura Notre-Seigneur depuis son retour d'Egypte [2], et quelles vertus fit-il paraître dans son enfance?

R. Il demeura à Nazareth. L'Evangile dit qu'il était docile et soumis à ses parents, et, qu'à mesure qu'il croissait en âge, il croissait aussi en sagesse et en grâce devant Dieu et devant les hommes. Notre-Seigneur demeura ainsi avec la sainte

1. Dieu se servit du dénombrement que l'empereur Auguste faisait faire de tout son empire, pour faire sortir la sainte Vierge de Nazareth et la faire venir à Bethléem, où les prophètes avaient prédit que le Messie devait naître. C'était la trente et unième année depuis qu'Auguste était seul à la tête de l'empire romain, et la trente-septième du règne d'Hérode.

2. Joseph et Marie avaient été contraints de fuir en Egypte, pour soustraire Jésus-Christ à la colère d'Hérode, qui, trompé par les mages, ordonna le massacre des enfants de Bethléem et des environs.

Vierge et saint Joseph jusqu'à l'âge de trente ans, passant pour le fils d'un charpentier, vivant du travail de ses mains et donnant continuellement des exemples de toutes les vertus.

D. Comment Jésus-Christ se prépara-t-il à sa prédication ?

R. Quoiqu'il n'eût pas besoin de préparation, il voulut cependant recevoir le baptême des mains de saint Jean-Baptiste [1]. Le Saint-Esprit descendit alors sur lui sous la forme d'une colombe, et l'on entendit une voix du ciel qui dit : *C'est là mon fils bien-aimé en qui j'ai mis toutes mes complaisances.* Notre-Seigneur se retira ensuite dans le désert, où il passa quarante jours dans la prière et dans le jeûne.

D. Pourquoi Jésus-Christ fut-il tenté dans le désert ?

R. Pour nous apprendre la nécessité des tentations et la manière d'y résister.

D. Quel fut le premier miracle de Jésus-Christ ?

R. Ce fut le changement qu'il fit de l'eau en vin aux noces de Cana.

D. Parmi le grand nombre de ses disciples, Jésus-Christ n'en choisit-il pas quelques-uns pour se les attacher plus particulièrement ?

R. Oui ; il en choisit douze, à qui il donna le nom d'Apôtres, qui veut dire envoyés. Après ce choix, il les mena sur une montagne, où il leur fit ce célèbre sermon qui contient en abrégé tout l'Evangile. Je n'en rapporterai que les huit béatitudes :

---

1. Ce saint précurseur, après avoir mené dans le désert la vie d'un ange, prêchait la pénitence sur les bords du Jourdain, et baptisait ceux qui venaient à lui. Jésus-Christ se présenta dans la foule ; mais Jean-Baptiste le reconnut.

Heureux les pauvres d'esprit, parce que le royaume des cieux est à eux.

Heureux ceux qui sont doux, parce qu'ils posséderont la terre.

Heureux ceux qui pleurent, parce qu'ils seront consolés.

Heureux ceux qui ont faim et soif de la justice, parce qu'ils seront rassasiés.

Heureux ceux qui sont miséricordieux, parce qu'ils seront traités avec miséricorde.

Heureux ceux qui ont le cœur pur, parce qu'ils verront Dieu.

Heureux ceux qui sont pacifiques, parce qu'ils seront appelés enfants de Dieu.

Heureux ceux qui souffrent persécution pour la justice, parce que le royaume des cieux est à eux.

D. Où Jésus-Christ prêcha-t-il son Evangile ?

R. Dans tous les endroits où il se trouvait ; dans les villes, dans les campagnes, dans le Temple, dans les synagogues. Partout il prêchait la pénitence, le pardon des injures, le mépris des richesses, le renoncement à soi-même ; et son unique occupation était d'instruire et de convertir les Juifs par ses discours et par ses paraboles, dont les plus célèbres sont celles du Samaritain, de l'enfant prodigue, de Lazare et du mauvais riche.

D. Quelle est la parabole du Samaritain ?

D. Un homme, dit Jésus-Christ, allant de Jérusalem à Jéricho, tomba entre les mains des voleurs qui le dépouillèrent, le couvrirent de plaies et le laissèrent à demi mort. Un prêtre, suivant le même chemin, le vit et passa outre, sans le soulager ; un Lévite fit la même chose ; mais un Samaritain, touché de compassion, versa de l'huile et du vin dans ses plaies, les banda et en eut le plus grand soin.

D. Dites en peu de mots la parabole de l'enfant prodigue.

R. Un père de famille avait deux enfants ; le plus jeune, ayant obtenu la part qui devait lui revenir, s'en alla dans un pays éloigné, où il dissipa tout son bien avec des femmes de mauvaise vie. Pressé par la famine et réduit à garder les pourceaux, il rentra en lui-même et vint se jeter aux pieds de son père pour lui demander grâce. Ce bon père, qui avait été profondément affligé des égarements de son fils, le reçut avec toutes sortes de bontés.

D. Dites-nous la parabole du mauvais riche et de Lazare.

R. Un homme, dit Jésus-Christ, était vêtu de pourpre et de lin ; il faisait tous les jours de magnifiques repas. Un pauvre, nommé Lazare, couché à sa porte, tout couvert d'ulcères, aurait bien voulu se rassasier des miettes qui tombaient de la table du riche, mais personne ne lui en donnait ; et les chiens, plus humains que leur maître, venaient lécher ses ulcères. Le pauvre vint à mourir, et il fut porté par les anges dans le sein d'Abraham ; le riche mourut aussi, et il fut enseveli dans les enfers.

D. Que nous enseignent ces trois paraboles ?

R. La parabole du Samaritain nous apprend avec quelle charité nous devons secourir ceux qui sont dans le besoin ; celle de l'enfant prodigue est une figure admirable de la joie du ciel à la conversion d'un pécheur, et de la bonté excessive avec laquelle Dieu nous reçoit à la pénitence ; et la parabole du mauvais riche et de Lazare apprend aux riches l'usage qu'ils doivent faire de leurs richesses, et aux pauvres à supporter patiemment leur pauvreté.

D. Quels sont les plus fameux miracles de Jésus-Christ?

R. Ce sont la guérison du serviteur du centenier, la résurrection de la fille d'un prince de la Synagogue, et celle du fils de la veuve de Naïm, la multiplication des cinq pains, la guérison de l'aveugle-né, de la fille de la Chananéenne dont il admira la foi, et la résurrection de Lazare [1].

D. Quel effet produisirent ces miracles?

R. Ils le rendirent célèbre dans toute la Judée et aux environs; ce qui lui attira la jalousie et la haine des principaux d'entre les Juifs. Plusieurs fois ils lui tendirent des piéges et cherchèrent à se saisir de sa personne; mais ce fut inutilement. L'entrée magnifique que fit Jésus-Christ à Jérusalem acheva d'allumer leur fureur. Judas Iscariote seconda alors leur mauvais dessein; et, poussé par le démon, il promit de leur livrer son maître pour la somme de trente deniers [2].

D. Comment Jésus-Christ fit-il la Cène avec ses Disciples?

R. Après avoir mangé avec eux l'agneau pascal, suivant qu'il était porté par la loi, Jésus-Christ leur lava les pieds; puis, s'étant remis à table, il prit du pain, le bénit, le rompit et le donnant à ses Disciples, il leur dit : *Ceci est mon corps.* Il prit ensuite le calice, y mit du vin, le bénit et dit : *Ceci est mon sang, le sang de la nouvelle alliance, qui sera répandu pour tous.*

D. Que fit Jésus-Christ après la Cène?

R. Il commanda à ses Apôtres de s'aimer les

---

1. On croit que saint Lazare vint après l'Ascension de Notre-Seigneur annoncer l'Evangile à Marseille. Il est probablement le premier apôtre de la France.

2. Cette somme revient environ à douze écus de notre monnaie.

uns les autres comme il les avait aimés lui-même ; il leur dit ensuite que son heure était venue, leur prédit toutes les circonstances de sa Passion et alla avec eux au jardin des Olives.

D. Que se passa-t-il dans ce jardin ?

R. Jésus-Christ s'y abandonna à une tristesse mortelle et à un trouble intérieur, qui fit sortir de tout son corps une sueur de sang [1].

D. Que fit Notre-Seigneur lorsqu'il fut revenu de cet affaiblissement ?

R. Il pria trois fois son père de ne point lui faire boire ce calice, ajoutant cependant : *que votre volonté se fasse et non pas la mienne.* Judas parut bientôt après à la tête d'une troupe de gens armés, et, s'approchant de Jésus, il le baisa, suivant le signal qu'il avait donné aux Juifs.

D. Comment Jésus-Christ fut-il traité chez les Juges de sa nation ?

R. Avec la dernière inhumanité : il y fut souffleté, regardé comme un blasphémateur, insulté par les soldats qui le frappaient et lui crachaient au visage ; enfin il fut jugé digne de mort.

D. Que firent les Juifs de Jésus-Christ après l'avoir condamné à mort ?

R. Comme ils n'avaient plus le droit de faire mourir personne, ils le menèrent à Pilate, président pour les Romains, qui, après avoir vainement essayé de le retirer d'entre les mains des Juifs et l'avoir fait fouetter cruellement, le leur livra pour être crucifié.

D. Quelles considérations doit-on faire sur la Passion de Jésus-Christ ?

R. On doit remarquer, parmi les vertus que

---

[1]. Jésus-Christ a voulu porter en cela la ressemblance de notre faiblesse, et nous montrer comment nous devons la surmonter.

Jésus-Christ fait paraître dans sa Passion, la constance avec laquelle il souffre sans murmurer et sans se plaindre, et la bonté avec laquelle il pardonne à ses bourreaux. La patience admirable qu'il fait voir dans ses souffrances nous enseigne de quelle manière nous devons supporter nos croix et nos afflictions.

D. Quels prodiges arrivèrent à la mort de Jésus-Christ ?

R. Le voile du Temple se déchira en deux; la terre trembla; elle fut couverte de ténèbres l'espace de trois heures; les pierres se fendirent, les tombeaux s'ouvrirent, et plusieurs saints ressuscitèrent. Les soldats qui le gardaient, frappés de tous ces prodiges, confessèrent que Jésus-Christ était véritablement le fils de Dieu.

D. La résurrection de Jésus-Christ est-elle incontestable ?

R. Oui; on en a trois preuves incontestables : 1° le témoignage des Apôtres, des Disciples et de plus de cinq cents personnes qui l'ont vu et touché après sa résurrection; 2° l'impossibilité où étaient les Apôtres d'enlever le corps de Jésus-Christ pour faire accroire qu'il était ressuscité; 3° Jésus-Christ ayant prédit sa résurrection, si sa prédiction eût été fausse, il eût été regardé comme un imposteur, et les Apôtres n'auraient point fait des miracles en son nom; or, il est sûr qu'ils en ont fait : il est donc sûr que Jésus-Christ est ressuscité.

D. Que s'ensuit-il de là?

R. Que la religion que Jésus-Christ est venu établir est divine, et par conséquent vraie dans tous ses points.

D. Pourquoi Jésus-Christ, ayant toutes les

marques qui doivent faire connaître le Messie, n'a-t-il pas été reconnu par les Juifs?

R. Parce qu'ils ont pris dans un sens grossier ce qui ne devait s'entendre que dans un sens spirituel. Ils attendaient le Messie comme un conquérant qui devait les délivrer de leurs ennemis, les combler de biens et établir un nouveau royaume; au lieu que tout cela devait s'entendre des biens célestes, des victoires que Jésus-Christ devait remporter sur le démon et de l'établissement de l'Eglise.

D. Qu'est-ce que la Religion?

R. La Religion est une persuasion intime de l'existence de Dieu, jointe à la connaissance et à la pratique des devoirs intérieurs et extérieurs que sa majesté suprême nous impose. — Elle est nécessaire à l'homme pour l'aider à contenir ses passions dans de justes bornes, et pour lui faire acquérir de véritables vertus.

D. En quoi consiste la sainteté de la Religion chrétienne?

R. A rendre à Dieu un culte parfait, à régler ses passions, à soumettre le corps à l'esprit. Avant Jésus-Christ, on ne savait ce que c'était que porter sa croix, aimer ses ennemis, estimer la pauvreté, être doux et humble de cœur, se réjouir dans les persécutions et les souffrances : la Religion chrétienne a enseigné tous ces points, et a fait voir par là qu'elle est l'ouvrage d'un Dieu.

D. Comment la Religion chrétienne, ayant à combattre les inclinations des hommes, la doctrine des philosophes et toutes les passions, a-t-elle pu s'établir en si peu de temps?

R. C'est un prodige des plus surprenants et la preuve la plus manifeste de la divinité de notre Religion ; car les Apôtres, avant leur mort, l'ont vue publiée et reçue presque par toute la terre. En vain la terre et l'enfer se sont ligués pour en empêcher l'établissement ; les empereurs païens eux-mêmes en sont devenus les protecteurs, et ont déposé leur sceptre et leur couronne au pied de la croix de Jésus-Christ, le reconnaissant et l'adorant comme leur Dieu et leur Sauveur.

D. Comment la Religion chrétienne s'est-elle conservée dans sa pureté jusqu'à présent?

R. C'est par le ministère que Jésus-Christ même a établi et qui est le centre de l'unité catholique. Ce ministère, qui est composé des pasteurs unis au pape, leur chef, est l'Eglise dont les autres membres sont les fidèles chrétiens, répandus dans tout l'univers. C'est l'Eglise qui est la dépositaire de notre foi et la règle de notre croyance ; et *quiconque n'écoute pas l'Église,* dit Jésus-Christ, *regardez-le comme un païen et un publicain.*

D. Pourquoi la Religion chrétienne a-t-elle des obscurités et des mystères ?

R. Dieu le permet ainsi pour éprouver notre foi. Quoique les principaux points qu'elle propose à croire soient au-dessus de la raison humaine, qui est très-bornée, elle n'enseigne pourtant rien contre la raison, parce que Dieu qui en est l'auteur, et qui est en même temps le principe de la raison, ne saurait rien enseigner que de raisonnable. On peut dire d'ailleurs que la Religion chrétienne a assez de lumières pour éclairer ceux qui désirent sincèrement d'être éclairés, et assez de ténèbres pour aveugler ceux qui se plaisent dans leur aveuglement.

ABRÉGÉ

DE

L'HISTOIRE ANCIENNE

D. Qu'est-ce que l'histoire ancienne ?
R. C'est le récit des événements arrivés dans le monde chez différents peuples, avant que les Romains se fussent emparés de presque tout l'univers connu.

D. Quels sont les peuples dont l'histoire ancienne fait une mention particulière ?
R. Ce sont les Egyptiens, les Assyriens, les Babyloniens, les Mèdes, les Perses, les Grecs et les Macédoniens.

DES ÉGYPTIENS.

D. Les Egyptiens sont-ils bien anciens ?
R. On peut les considérer comme le plus ancien de tous les peuples, puisque Menès, leur premier roi, est regardé comme l'un des petits-fils de Noé. Il vivait, selon quelques savants, vers l'an 2184 avant Jésus-Christ.

D. Quels furent les successeurs de Menès ?
R. L'histoire n'en donne que des notions très-incertaines ; on croit que les princes arabes, appelés rois pasteurs, firent la conquête de l'Egypte

quelques siècles après le règne de Menès, et que la dynastie des rois nommés Pharaons les remplaça.

D. Quel est le plus fameux de ces rois?

R. C'est le grand Sésostris[1]; il se distingua surtout par ses conquêtes et par la sagesse de son gouvernement.

D. A quelle époque l'histoire de l'Egypte commence-t-elle à avoir quelque certitude?

R. Environ vers l'an 3330 du monde, sous le règne de Psammétique, qui attira les étrangers dans ses Etats et leur ouvrit ses ports. Son fils Néchos favorisa beaucoup la navigation[2]. Amasis, quoique usurpateur, régna avec sagesse[3]. L'Egypte fut conquise peu après par Cambyse, roi des Perses, vers l'an 3475.

D. Qu'est-ce que l'Egypte a de particulier?

R. Ce pays, quoique stérile par la nature de son sol, devient extrêmement fertile par les inondations annuelles du Nil qui l'arrose dans toute sa longueur[4].

D. Quelle était la religion des Egyptiens?

R. Ces peuples étaient idolâtres; leurs principales divinités étaient Osiris et Isis, qu'on a cru

---

1. On croit que Sésostris était le fils du Pharaon qui fut submergé dans la mer Rouge en poursuivant les Israélites.

2. Ce fut par des voyages qu'il fit exécuter autour de l'Afrique. Il entreprit aussi de joindre le Nil avec la mer Rouge par un canal de 50 lieues; mais il fut obligé d'y renoncer.

3. De son temps, Solon, législateur d'Athènes, et Pythagore se rendirent en Egypte pour s'instruire des lois et des usages de ce royaume.

4. Le débordement du Nil a lieu vers le milieu de juin et dure jusqu'au mois de septembre; le limon qu'il laisse en se retirant engraisse la terre et la rend fertile.

être le soleil et la lune. Ils adressaient aussi leurs hommages aux plus vils animaux : le chat, le chien, le crocodile et surtout le bœuf Apis, recevaient chez eux les honneurs divins.

D. Quel était leur caractère?

R. Ce peuple si vanté avait des talents et des vertus ; mais il était mou, superstitieux, esclave de ses préjugés, et méprisait tout ce qui venait de l'étranger.

D. Quelles étaient les principales lois des Egyptiens?

R. Chacun pouvait accuser les rois après leur mort; s'ils avaient mal vécu, ils étaient privés des honneurs de la sépulture. Les enfants étaient obligés de faire l'état de leur père. Les créanciers n'avaient de droit que sur les biens, et jamais sur la personne de leurs débiteurs.

D. Comment les terres étaient-elles partagées?

R. Les terres étaient partagées entre le roi, les prêtres et les gens de guerre. Le reste de la nation devait subsister de son travail.

D. Comment la justice était-elle administrée?

R. La justice était administrée par trente juges, nommés par les trois villes capitales du royaume : Héliopolis, Memphis et Thèbes [1]. Les affaires se discutaient par écrit, pour se mettre en garde contre les prestiges de l'éloquence.

D. Les arts et les sciences firent-ils de grands progrès chez les Egyptiens?

R. Oui; les arts et les sciences rendirent ce peuple célèbre longtemps avant que les Hébreux ne fussent réunis en un corps de nation. On voyait chez eux de fines étoffes, des vases ciselés ; l'ar-

---

1. On rapporte que Thèbes avait cent portes, et que, par chaque porte, elle pouvait faire sortir dix mille combattants.

chitecture y produisit des monuments d'une grandeur et d'une solidité prodigieuses. Ils connaissaient l'astronomie[1] et possédaient l'art de mesurer les terres.

D. Quels sont les principaux monuments de l'Egypte?

R. Les pyramides, au nombre de trois[2], y tiennent le premier rang; bâties près de quatorze cents ans avant Jésus-Christ, elles subsistent encore aujourd'hui. On y admirait encore les obélisques, le Labyrinthe, le Sphinx, le lac Mœris, le puits de Joseph, le phare d'Alexandrie, une des sept merveilles du monde.

DES ASSYRIENS ET DES BABYLONIENS, DES MÈDES ET DES PERSES.

D. Où était située l'Assyrie?

R. Entre le Tigre et l'Euphrate. Sur ce dernier fleuve était située Babylone, et sur le premier Ninive. Ces deux villes étaient capitales de deux grands empires qui n'en formaient qu'un seul.

---

1. Ce sont les Egyptiens qui ont divisé l'année en douze mois, etc.
2. La plus grande a plus de 500 pieds de haut. — Les obélisques furent élevés par l'ordre de Sésostris dans la ville d'Héliopolis. — Le Labyrinthe était un assemblage de douze palais qui communiquaient ensemble. Autour de ces douze grandes salles, il y avait quinze cents chambres qui ne laissaient aucune sortie à ceux qui étaient venus les visiter. Il y avait sous terre autant de bâtiments destinés à la sépulture des rois. — Le phare d'Alexandrie était une tour de marbre, bâtie dans l'île de Pharos, voisine de cette ville, par Ptolémée Philadelphe.

C'est ce qu'on nomme le premier empire des Assyriens.

D. Quel fut le fondateur de Ninive?

R. Ce fut Ninus, fils de Bélus, un des grands conquérants des temps anciens. Il épousa Sémiramis et lui laissa la couronne.

D. Par qui Babylone fut-elle bâtie?

R. Par Sémiramis, qui la remplit de monuments superbes, comptés parmi les sept merveilles du monde [1].

D. Quels pays habitaient les Mèdes?

R. Ils habitaient la Médie, contrée vaste et remplie de montagnes, située vers le nord, au delà du Tigre.

D. Par quels exploits les Mèdes se sont-ils signalés?

R. Sous la conduite d'Arbace, leur gouverneur, ils secouèrent le joug de Sardanapale, prince voluptueux qui régnait en Assyrie. Tous ses sujets se révoltèrent pareillement, et il finit par se brûler lui-même dans son palais.

D. Que se forma-t-il des ruines de ce premier empire?

R. Il s'en forma trois grands royaumes : celui des Mèdes, qui, après quelque temps d'anarchie, eurent des rois très-puissants; celui de Ninive, fondé par Ninus le jeune, et celui de Babylone, par Bélésis [2].

---

1. Tels étaient les jardins suspendus avec tant d'art, et les murs de cette ville célèbre, sur lesquels six chars pouvaient aller de front. Les autres merveilles du monde sont : 2° les pyramides d'Egypte; 3° le phare d'Alexandrie; 4° le colosse de Rhodes; 5° le Jupiter Olympien; 6° le mausolée, bâti par Artémise pour y mettre les cendres du roi Mausole, son mari; 7° le temple de Diane à Ephèse.

2. Sous ce second empire parurent Salmanasar, Senna-

D. Quel fut le premier roi des Mèdes?

R. Ce fut Déjocès, qui bâtit la superbe ville d'Ecbatane et en fit la capitale de ses États. On compte encore parmi les principaux rois de la Médie, Cyaxare et Astiage. Cyrus, petit-fils de ce dernier, réunit la Médie à la Perse, et n'en forma qu'un seul empire.

D. Quelle contrée occupaient les Perses?

R. Ils habitaient une grande étendue au midi de la Médie.

D. Cyrus, dont nous venons de parler, n'est-il pas le plus fameux d'entre les rois de Perse?

R. Oui ; la Perse devint célèbre et florissante sous son règne. Il défit Crésus, roi de Lydie, dont les richesses sont passées en proverbe ; il soumit Babylone et délivra les Juifs de la captivité ; il pénétra dans l'Inde [1], alla jusqu'à la mer Caspienne et l'Archipel.

D. Qui succéda à Cyrus?

R. Ce fut Cambyse, son fils, prince impie et féroce, qui assassina par jalousie son frère Smerdis, et le suivit peu après au tombeau. L'Egypte fut sa principale conquête.

D. Qui usurpa la couronne à la mort de Cambyse?

R. Un mage qui s'était donné pour le prince Smerdis ; mais l'imposture fut découverte et l'usurpateur fut mis à mort.

D. Qui régna en sa place?

R. Ce fut Darius, fils d'Hystaspe. Il forma le dessein d'envahir la Grèce ; mais ses troupes fu-

---

chérib, Nabuchodonosor, etc., dont il est parlé dans l'histoire sainte.

1. L'Inde est un des plus riches pays de la terre par ses mines de diamants et de pierreries, par ses soies et ses cotons, et par son extrême fertilité.

rent entièrement défaites à la célèbre bataille de Marathon [1].

D. L'empire des Perses dura-t-il longtemps?

R. Il dura jusqu'au temps d'Alexandre le Grand, qui défit Darius Codoman, et mit ainsi fin à la monarchie des Perses.

D. Donnez-nous une idée de la législation des Perses, de leur religion, etc.

R. Les Perses étaient éclairés, ils reconnaissaient un seul Dieu. Les prêtres, connus sous le nom de mages, se distinguaient par leur science et leurs mœurs austères. L'ingratitude était punie, chez ce peuple, avec la dernière sévérité. Les lois y inspiraient l'amour de la justice, la haine du mensonge; elles honoraient l'agriculture et veillaient surtout à l'éducation des jeunes gens.

D. Les Babyloniens ne s'adonnèrent-ils pas à l'étude des astres?

R. Oui; leurs progrès dans cette science sont connus. Ils ont inventé les cadrans solaires et ont fait des découvertes intéressantes dans l'astronomie.

D. Dites-nous quelque chose des Indiens.

R. Ils étaient divisés en plusieurs castes : la première était celle des Brames, à qui était confié le dépôt de la religion et de la science; la seconde, celle des Brahmanes, qui menaient une vie très-austère; et enfin la caste des laboureurs, qui étaient très-considérés. Les Indiens croyaient à la métempsycose, c'est-à-dire que les âmes passaient dans d'autres corps.

---

1. Darius n'avait pas été plus heureux dans son expédition contre les Scythes : une armée immense qu'il y avait conduite avait manqué d'y périr.

D. Qu'y a-t-il à remarquer sur les Phéniciens?

R. Leur goût et leur activité pour le commerce les distinguèrent entre tous les autres peuples. Ils habitaient la Phénicie, pays stérile sur la Méditerranée; mais l'industrie de ses habitants rendit les villes de Tyr et de Sidon les plus riches et les plus florissantes de l'univers [1]. Ils peuplèrent de leurs colonies les îles de Chypre, de Rhodes, la Grèce, la Sicile, la Sardaigne, et pénétrèrent jusque dans l'Océan.

D. Que fit Didon, sœur de Pygmalion, roi de Tyr?

R. Elle bâtit sur les côtes d'Afrique la ville de Carthage, qui devint par la suite fameuse, et fut pendant longtemps la rivale de Rome.

DES GRECS.

D. De quel pays l'ancienne Grèce était-elle formée?

R. De l'Épire, du Péloponèse, de la Grèce proprement dite, de la Thessalie et de la Macédoine. Ces pays répondent à la partie méridionale de la Turquie européenne.

D. Qu'étaient dans leur origine les Grecs, si vantés depuis pour leur politesse et leurs connaissances?

R. Les Grecs furent d'abord des sauvages,

---

1. Les Phéniciens découvrirent la teinture de pourpre de cette manière : Un chien pressé par la faim brisa un coquillage; voyant que sa gueule en était teinte, on ouvrit d'autres coquillages semblables, et l'on trouva ainsi le moyen d'en extraire la liqueur de pourpre et de l'appliquer aux étoffes.

ignorant jusqu'aux premières lois de la société.

D. Qui commença à civiliser ces peuples?

R. La Grèce doit sa civilisation à l'Égypte. Inachus, son premier roi, y vint avec une colonie fonder le royaume d'Argos, vers l'an 2000. Environ quatre cents ans après, Cécrops, aussi Égyptien, vint s'établir dans l'Attique, et fonda la ville d'Athènes, qui fut d'abord appelée Cécropie.

D. Que fit encore Cécrops de particulier?

R. Il fonda plusieurs tribunaux, entre autres celui de l'Aréopage [1], qui eut une très-grande célébrité chez les peuples de la Grèce.

D. Qui succéda à Cécrops?

R. Ce fut Cranaüs, Athénien [2]; puis Amphictyon, sous lequel se forma une confédération des douze principales villes de la Grèce, dont les députés devaient se rendre deux fois l'année aux Thermopyles, pour y délibérer sur les affaires.

D. Qui fonda la ville de Thèbes, en Béotie, appelée d'abord la Cadmée?

R. Ce fut Cadmus, Phénicien [3], qui apporta aux Grecs les caractères de l'alphabet.

C'est de lui que nous vient cet art ingénieux
De peindre la parole et de parler aux yeux,
Et par des traits divers de figures tracées
Donner de la couleur et du corps aux pensées.

1. Ce tribunal ne tenait ses séances que de nuit et en plein air. Il était chargé du soin de faire observer les lois, de l'inspection des mœurs, du jugement des causes criminelles et des affaires de la religion.

2. On croit que ce fut sous son règne qu'arriva le déluge de Deucalion, dans la Thessalie, confondu par les Grecs avec le déluge universel.

3. En outre de l'écriture alphabétique, il fit connaître aux indigènes la culture de la vigne et l'art de travailler les métaux.

D. Qui contribua encore à la civilisation de la Grèce?

R. Danaüs, sorti de l'Egypte, y introduisit l'agriculture et quelques arts. Lélex fonda le royaume de Lacédémone [1] vers l'an 2500. Enfin la Grèce reçut tout des étrangers; mais, amie des fables, elle supposa que les dieux eux-mêmes lui avaient donné les arts.

D. Rapportez quelque événement remarquable de ce temps fabuleux et héroïque.

R. La guerre de Troie [2] est l'un des plus grands événements de ces temps éloignés; voici quel en fut le sujet : Pâris, fils de Priam, roi de Troie, abusant des lois de l'hospitalité, eut l'impudence d'enlever Hélène, femme de Ménélas, roi de Sparte. Cette injure faite à la Grèce, dans la personne d'un de ses princes, alluma la vengeance dans tous les cœurs. La plupart des rois marchèrent avec des troupes; ils firent aux Troyens une guerre qui dura dix ans, et brûlèrent leur ville, environ 1200 ans avant Jésus-Christ.

D. Quels furent les effets de cette guerre?

R. Le sort des princes grecs, quoique vainqueurs, fut en quelque sorte plus malheureux que celui des princes troyens; la plupart périrent misérablement en retournant dans leur patrie.

D. La guerre de Troie n'eut-elle point d'autre mauvais effet?

R. La Grèce, privée de ses chefs, fut en proie aux factions et aux dissensions. Sparte vit enfin un terme à ses malheurs, par la réforme qu'éta-

---

1, Ce royaume est aussi appelé Sparte.
2. Ce qui a contribué à rendre cette guerre si célèbre, ce sont les poëmes qu'Homère composa sur le sac de Troie, environ 300 ans après. Ces poëmes immortels sont l'Iliade et l'Odyssée.

blit Lycurgue, l'un des descendants d'Hercule.

D. Quelle fut la réforme de Lycurgue?

R. Lycurgue refondit le gouvernement en entier : il créa un sénat comme une autorité intermédiaire entre les rois et le peuple; il établit une parfaite égalité entre tous les citoyens; voulut qu'il n'y eût qu'une seule table pour tous; proscrivit l'or et l'argent et y substitua une monnaie de fer très-pesante [1].

D. Ne régla-t-il pas aussi l'éducation des enfants?

R. Oui; Lycurgue prit en grande considération cet objet important; il voulut que l'Etat en fût chargé, et ordonna que les enfants fussent exercés à la fatigue, à la sobriété, à la plus parfaite obéissance, et surtout à un grand respect envers les vieillards.

D. Revenons à Athènes; son gouvernement fut-il toujours monarchique?

R. Il le fut jusque vers l'an 1095 avant l'ère chrétienne. Codrus, son dernier roi, se dévoua à la mort pour le salut de son peuple. Ses deux fils disputant entre eux le royaume, les Athéniens abolirent la royauté et créèrent des magistrats appelés Archontes.

---

1. Ces établissements réussirent, parce que Lycurgue n'avait à gouverner qu'un petit Etat où il trouvait de la simplicité. Nous voyons, en effet, dans Homère, que les rois n'avaient aucun appareil de grandeur; qu'ils apprêtaient eux-mêmes les viandes dont ils se nourrissaient; que les reines, les princesses, s'occupaient avec leurs filles à filer, à laver, à faire tout ce qui regardait le ménage. — Environ 650 ans après, Agis IV, jeune prince vertueux, étant parvenu au trône de Lacédémone, tenta de remettre les lois de Lycurgue en vigueur; mais les Lacédémoniens, dont les mœurs étaient très-corrompues, le traduisirent en jugement et le condamnèrent à mort. C'est le premier roi qui ait été condamné juridiquement par ses sujets.

4

D. Les Athéniens ne songèrent-ils pas aussi à se former un corps de lois?

R. Oui; et ils choisirent pour législateur **Dracon**, recommandable par ses vertus austères; mais ses lois ne furent point exécutées, à cause de leur extrême rigueur : elles punissaient de mort les fautes les plus légères.

D. La réforme de Solon eut-elle plus de succès?

R. Oui; Solon, aussi éclairé que vertueux, fit un code de lois aussi parfait que les circonstances le lui permirent. Cependant son gouvernement fut de courte durée et finit presque avec lui.

D. Comment Pisistrate usurpa-t-il le pouvoir?

R. Pisistrate, homme populaire, avait gagné la multitude. Pour réussir dans ses projets ambitieux, il se fait une blessure et accuse ses ennemis d'avoir attenté à ses jours. On lui donne une garde de cinquante hommes; il a soin d'en augmenter le nombre; il lève le masque, s'empare de la citadelle et usurpe le pouvoir.

D. Quels furent les successeurs de Pisistrate?

R. Ses deux fils Hippias et Hipparque. Ils gouvernèrent avec sagesse et firent aimer leur autorité pendant tout leur règne.

D. Quelle fut la fin de ces deux princes?

R. Leur fin fut tragique : Hipparque fut assassiné dans une conspiration. Hippias resta seul et punit de mort les conjurés; mais il se rendit bientôt cruel et odieux aux Athéniens, qui le chassèrent et se déclarèrent libres. Hippias alla implorer le secours de Darius, roi de Perse, qui ne tarda pas à marcher contre les Grecs.

D. Faites la comparaison de Sparte et d'Athènes.

R. Les mœurs des Spartiates étaient austères et rigides; élevés dans les armes, ils ne respiraient que la guerre. L'esprit de pauvreté qui faisait la base de leur gouvernement forma une multitude de héros. Les Athéniens, au contraire, étaient riches. L'inconstance et la légèreté faisaient leur caractère. Cependant ils étaient naturellement braves et belliqueux. Beaucoup de grands hommes en tout genre sont sortis de ce pays.

EXPÉDITIONS DE DARIUS, DE XERXÈS ET D'ARTAXERXÈS.

D. L'intérêt d'Hippias fut-il le seul motif qui porta Darius à déclarer la guerre à la Grèce?

R. Darius avait d'ailleurs à se venger des Athéniens, qui avaient envoyé des secours aux Ioniens, révoltés contre lui. Sparte et Athènes avaient aussi fait mourir les hérauts que ce prince leur avait envoyés, pour les engager à se soumettre. Darius ne tarda pas à s'emparer de toute l'Ionie et d'une grande partie de la Grèce. (L'an 490 avant J.-C.)

D. Les Perses et les Grecs n'en vinrent-ils pas à une bataille décisive?

R. Oui; et les Athéniens, sous la conduite de Miltiade, au nombre de 10,000 seulement, défirent complétement l'armée de Darius, composée de 100,000 hommes, qui s'était avancée dans les plaines de Marathon.

D. Quelle fut la récompense de Miltiade?

R. Les Athéniens firent faire un tableau de la bataille de Marathon, où Miltiade était représenté à la tête des capitaines, exhortant les soldats et leur donnant l'exemple.

D. Quelle fut la fin de ce grand homme?

R. Miltiade ayant échoué devant Paros, dont il avait formé le siége, fut accusé de trahison et condamné à une amende de cinquante talents; n'ayant pu la payer, il fut mis en prison, où il mourut des blessures qu'il avait reçues au service de la république.

D. La victoire de Marathon procura-t-elle la paix à la Grèce?

R. Non; Darius étant mort comme il faisait de nouveaux préparatifs, Xerxès son fils arma plus d'un million d'hommes, passa le Bosphore et s'avança jusqu'au détroit des Thermopyles.

D. Léonidas, roi de Sparte, ne résista-t-il pas à toute l'armée des Perses au défilé des Thermopyles?

R. Oui; Léonidas, avec 300 Spartiates, court au-devant de l'ennemi, en fait un grand carnage; mais, écrasés par le nombre, ils meurent tous en héros. Un seul Spartiate échappa et fut regardé à Lacédémone comme un lâche déserteur [1].

D. Quelles furent les suites du combat des Thermopyles?

R. Xerxès, furieux d'y avoir perdu 20,000 hommes, mit tout à feu et à sang dans sa marche. Les Athéniens, effrayés, transportèrent les femmes, les enfants et les vieillards à Trézène, et tous ceux qui étaient capables de porter les armes se réfugièrent sur la flotte qui se réunit dans le détroit de Salamine.

---

1. On dit qu'il répara sa faute à la bataille de Platée. Un tombeau fut élevé à Léonidas et aux 300 braves Spartiates, avec cette inscription: *Passant, va dire à Lacédémone que nous sommes morts ici pour obéir à ses lois.*

D. A qui la Grèce dut-elle son salut dans ces circonstances difficiles?

R. Elle le dut aux lumières et à la valeur d'Aristide et de Thémistocle. Le gouvernement de ces deux grands hommes forme une des parties les plus intéressantes de l'histoire grecque.

D. Quel était le caractère de ces deux grands hommes?

R. Aristide était d'une vertu austère; sa probité irréprochable lui avait mérité le surnom de *Juste*. Il avait de grands talents, et tous ses vœux étaient pour la prospérité de sa patrie. Thémistocle avait aussi de grands talents; mais son ambition était plus grande encore. Il avait l'art de gagner le peuple et de le faire servir à ses projets ambitieux.

D. Cette grande ambition de Thémistocle ne le porta-t-elle pas à quelque excès?

R. Il parvint, par ses intrigues, à supplanter Aristide et à le faire condamner à l'ostracisme.

D. Qu'était-ce que l'ostracisme?

R. C'était un bannissement de dix ans, imaginé à Athènes pour mettre un frein à l'ambition des citoyens; il n'emportait aucune flétrissure [1].

D. Thémistocle ne se conduisit-il pas enfin avec plus de justice et de générosité?

R. Oui; sentant les services qu'Aristide pouvait rendre dans les circonstances critiques où

---

1. Chacun écrivait sur une coquille le nom de celui que l'on voulait éloigner, et s'il se trouvait six mille voix contre lui, il était obligé de quitter la ville à l'instant. Un paysan qui ne savait pas écrire s'adressa à Aristide lui-même pour écrire sur sa coquille le nom d'Aristide. *Et quel tort vous a fait cet homme?* demanda le vertueux Athénien. *Aucun*, répondit celui-ci, *mais je suis las de l'entendre appeler le Juste.* Aristide, sans répliquer, écrivit son nom.

se trouvait la patrie, il fit rappeler cet illustre banni, qui eut la noblesse de venir s'offrir à Thémistocle pour le seconder contre les efforts de Xerxès.

D. Qui fut vainqueur à la journée de Salamine ?

R. Les Grecs remportèrent une victoire complète. Ils battirent avec une flotte de 400 voiles celle des Perses qui était composée de près de 2,000 voiles. Thémistocle y fit des prodiges de valeur, tandis que le lâche Xerxès examina le combat de loin et s'enfuit précipitamment, de peur qu'on ne rompît le pont du Bosphore.

D. Les Grecs eurent-ils les mêmes succès à la journée de Platée ?

R. Oui ; l'armée de terre de Xerxès, commandée par Mardonius, fut taillée en pièces par les Athéniens et les Spartiates. Ceux-ci étaient conduits par Pausanias ; ceux-là par le vertueux Aristide. Mardonius lui-même périt dans l'action. La flotte des Grecs remporta le même jour à Mycale une victoire décisive.

D. Les Grecs demeurèrent-ils unis après avoir chassé les Perses de leurs Etats ?

R. L'ancienne rivalité d'Athènes et de Sparte se réveilla. Les Athéniens cherchaient à relever les murs de leur ville ; les Spartiates s'y opposèrent, parce qu'Athènes, déjà supérieure sur mer, leur donnait de l'ombrage.

D. Que fit Thémistocle dans cette circonstance ?

R. Il ouvrit des négociations avec les Spartiates, les prolongea par différentes ruses, et fit pendant ce temps reconstruire les murs d'Athènes. Ce procédé ulcéra étrangement le cœur des Lacédémoniens.

D. Comment mourut Aristide?

R. Après avoir mis le plus grand ordre dans les finances, Aristide mourut si pauvre, que l'on fut obligé de faire les frais de ses funérailles et de pourvoir à la subsistance de sa famille. Heureuse la patrie qui donne le jour à de pareils hommes!

D. Que devint Thémistocle?

R. Il eut le sort de plusieurs grands hommes de la Grèce. Les Athéniens, oubliant ses services, l'accusèrent d'avoir eu des intelligences avec les ennemis. Il fut obligé de s'enfuir; ses biens furent confisqués, et il ne trouva de salut qu'auprès d'Artaxerxès, roi de Perse, qui le reçut avec distinction [1].

D. Après Aristide et Thémistocle, quel fut le grand personnage qui s'éleva dans Athènes?

R. Ce fut Cimon, fils de Miltiade. Il avait été élevé sous les yeux d'Aristide, et il se montra digne d'un si grand maître. A des vertus distinguées il joignait de grands talents.

D. Quels furent les succès de Cimon?

R. Convaincu qu'il fallait tenir occupé l'esprit inquiet et remuant de ses concitoyens, Cimon les conduisit contre les Perses et leur fit remporter plusieurs avantages considérables.

D. Que fit-il en faveur des Lacédémoniens?

R. Sparte ayant éprouvé un tremblement de terre, qui fit périr plus de vingt mille personnes, les ilotes ou esclaves avaient profité du désordre pour tenter une révolte; mais Cimon les soumit bientôt et les fit tous rentrer dans le devoir.

---

1. On croit que Thémistocle mourut à Magnésie, où il s'empoisonna pour ne pas servir contre sa patrie. Il était d'ailleurs désespéré de manquer au roi de Perse, à qui il avait de grandes obligations.

D. Les Athéniens surent-ils apprécier les grandes qualités de Cimon ?

R. Ils se laissèrent prévenir contre lui par Périclès, qui, cherchant à s'élever à ses dépens, le fit condamner à l'ostracisme.

D. Cimon ne fut-il point rappelé de son exil ?

R. Oui ; Athènes, menacée de nouveau par Artaxerxès, craignant d'ailleurs les Spartiates, sentit le besoin qu'elle avait des talents de Cimon, et Périclès lui-même dressa le décret de son rappel.

D. Cimon fit-il encore paraître sa valeur dans cette expédition ?

R. Cimon y eut les succès les plus brillants : Il défit la flotte des Perses composée de 300 voiles, en enleva 100 et en coula beaucoup à fond. Ce grand exploit fut suivi d'un autre plus considérable : il défit sur les côtes de Cilicie une armée de 300,000 Perses, et rendit par là la liberté à toutes les villes grecques de l'Asie Mineure.

D. Comment mourut Cimon ?

R. Cimon mourut sur le champ de l'honneur. Il avait ordonné qu'on cachât sa mort ; son nom reconduisit la flotte dans le port d'Athènes.

D. Qui gouverna Athènes après Cimon ?

R. Ce fut Périclès, homme plein d'éloquence et de talent pour gouverner et manier le peuple. Fort de la faveur du peuple, il sacrifia tout à son ambition et disposa des deniers de l'Etat pour en faire des largesses au peuple. Il avilit la magistrature, diminua l'autorité de l'Aréopage et régna en maître.

D. Les profusions de Périclès furent-elles approuvées des villes alliées ?

R. Les villes alliées s'en plaignirent ; mais ce fut inutilement. Périclès continua d'absorber les deniers publics en spectacles et en édifices.

D. Thucydide, beau-frère de Cimon, ne s'opposa-t-il point à l'ambition de Périclès?

R. Thucydide était aimé des Athéniens et soutenu par la noblesse; mais Périclès eut encore assez de crédit pour le faire condamner à l'ostracisme. Les ennemis de Périclès ne se regardèrent pas comme vaincus, ils attaquèrent ses amis [1]; enfin on l'accusa lui-même d'avoir dissipé les finances et l'on porta un décret pour lui en faire rendre compte. Périclès, pour se tirer d'embarras, résolut d'allumer la guerre entre sa patrie et Lacédémone. Cette guerre, qui fut si fatale à la Grèce, dura 27 ans.

GUERRE DU PÉLOPONÈSE.
(Vers l'an 3569.)

D. Quelle fut la cause de cette guerre?

R. Le refus que les Athéniens firent de lever le siége de Potidée, colonie de Corinthe. Ce refus, dicté par Périclès, indigna toute la Grèce contre Athènes. Sparte, la Phocide, la Béotie et presque tout le Péloponèse firent marcher contre elle une armée de 60,000 hommes.

D. Que se passa-t-il au commencement de cette guerre?

R. Les alliés ravagèrent l'Attique, sans que les Athéniens osassent sortir de leur ville pour s'y

---

[1]. Phidias, sculpteur célèbre, mourut dans les fers, injustement accusé de s'être approprié une partie de l'or qu'on lui avait donné pour faire une statue de Minerve. La belle Aspasie, si distinguée par sa science et par son génie, faillit aussi succomber aux accusations faussement intentées contre elle. Anaxagore fut obligé de se soustraire par la fuite à l'accusation d'impiété portée contre lui, après avoir prouvé l'existence de Dieu.

4.

opposer ; mais leur flotte alla se venger en désolant les côtes du Péloponèse. La peste vint ajouter, dans les murs d'Athènes, son terrible fléau aux désastres de la guerre, et Périclès, auteur de tant de maux, mourut attaqué de la contagion[1].

D. Qu'arriva-t-il après sa mort?

R. Sparte et Athènes, lasses de se faire une guerre destructive, firent une trêve de cinquante ans ; mais Alcibiade, à qui le gouvernement fut confié, la fit rompre six mois après.

D. Qu'était Alcibiade?

R. Alcibiade était un jeune homme d'une naissance illustre, plein de courage et de talents, mais d'une ambition démesurée : il ne lui suffit pas d'armer Athènes contre Sparte, il entreprit encore la conquête de la Sicile.

D. Les entreprises d'Alcibiade eurent-elles quelque succès?

R. Non ; Alcibiade fut rappelé à Athènes et accusé d'impiété ; il n'attendit pas sa condamnation et se réfugia à Sparte. Il fut condamné à mort par contumace. *Je leur ferai bien voir que je vis encore*, dit-il à ceux qui lui apprirent cette nouvelle.

D. Alcibiade ne fut-il point rappelé à Athènes?

R. Cette malheureuse ville, déchirée par les factions, ne vit d'autre remède à ses maux que dans le rappel d'Alcibiade. Il chassa les 400 tyrans qui s'étaient emparés du pouvoir ; l'empire de la mer fut enlevé aux Lacédémoniens, les villes révoltées rentrèrent dans le devoir ; d'autres furent prises et soumises à la domination d'Athènes. Al-

---

1. Périclès, amateur éclairé des beaux-arts, les fit fleurir tous à la fois. Son siècle est regardé comme le plus illustre de l'antiquité avant celui d'Auguste. Athènes vit élever, sous son gouvernement, quantité d'édifices, dont les débris attestent encore le beauté, le goût et la délicatesse.

cibiade devint alors l'idole de ses concitoyens, qui le déclarèrent général de la république avec un pouvoir illimité.

D. Jouit-il longtemps d'une telle faveur?

R. Non; les Athéniens ayant perdu une bataille pendant son absence, ils lui en attribuèrent le mauvais succès et le déposèrent. Alcibiade se retira dans la Chersonèse de Thrace.

D. Lysandre, général lacédémonien, ne s'empara-t-il pas d'Athènes?

R. Oui; après plusieurs grands succès, Lysandre vint assiéger Athènes, qui fut obligée de capituler après un siége de six mois.

D. Quelles furent les conditions du traité de paix?

R. Les Athéniens furent obligés de souscrire aux plus dures conditions; il fallut que les fortifications du Pirée fussent démolies, qu'ils livrassent leurs vaisseaux, à l'exception de douze, et qu'ils se soumissent à trente tyrans nommés par Sparte pour les gouverner.

D. Que devint Athènes sous ces nouveaux magistrats?

R. Elle se vit réduite à la plus déplorable extrémité. Ils firent mourir, en huit mois, plus de citoyens que la guerre n'en avait fait périr en trente ans.

D. Que fit Alcibiade dans ces circonstances?

R. Quoique exilé, il tenta de délivrer sa patrie. Il partit pour la cour de Perse; mais les Spartiates le firent périr en route.

D. Par qui Athènes fut-elle délivrée?

R. Ce fut par Thrasybule, homme de courage et d'une naissance distinguée. Il se met à la tête de quelques fugitifs et de 500 hommes, que Lysias de Syracuse lui avait envoyés: il entre dans

Athènes, en chasse les tyrans, fait publier une amnistie, et tout le passé est oublié.

D. Quel triste événement se passa-t-il dans ce temps-là à Athènes?

R. Socrate, homme intègre et vertueux, avait répandu de la défaveur sur les fables ridicules de la mythologie par les idées sublimes qu'il avait données de la Divinité. Les ennemis de ce grand homme résolurent sa perte et ne tardèrent pas à consommer cette œuvre impie.

D. Comment mourut Socrate?

R. Il fut condamné par l'Aréopage à boire la ciguë : c'était la peine de mort de ce temps-là. Le peuple reconnut bientôt son crime; il honora la mémoire de Socrate et punit sévèrement ses accusateurs.

GUERRE DES LACÉDÉMONIENS, etc., CONTRE LES PERSES.

TRAITÉ D'ANTALCIDE SUIVI DE GUERRES INTESTINES.

D. Avant de parler de cette guerre, donnez-nous une idée de la retraite des Dix mille.

R. Dix mille Grecs, Xénophon à leur tête, avaient volé au secours du jeune Cyrus, fils de Darius, roi de Perse, pour le soutenir dans sa révolte contre son frère; Cyrus ayant perdu la vie dans le combat, ces dix mille Grecs firent une retraite aussi hardie dans le projet qu'étonnante dans l'exécution; ils marchèrent les armes à la main, sans cesse attaqués et toujours victorieux, pendant l'espace de cinq à six cents lieues.

D. Quel dessein formèrent les Lacédémoniens contre les Perses?

R. Leurs colonies étant menacées par les Perses, ils résolurent de se rendre maîtres de l'Asie. Agésilas, leur roi, se mit à la tête de ses troupes et de celles de quelques villes alliées. C'était un des plus grands capitaines de son temps, et un Spartiate attaché aux anciennes mœurs. En peu de temps il remplit l'Asie de la terreur de ses armes.

D. Ne s'éleva t-il pas alors une ligue contre Sparte?

D. Oui; les Perses cherchèrent à lui susciter des ennemis. Argos, Thèbes, Corinthe et Athènes se déclarèrent contre les Spartiates. L'Athénien Conon fut chargé du commandement de la flotte.

D. Quels furent les premiers événements de cette guerre?

R. Conon battit deux fois la flotte des Lacédémoniens. Par ces deux grandes victoires il rendit aux Athéniens leur ancienne dignité; et, sans perdre de temps, il fit aussitôt relever les murs d'Athènes avec les fonds que les Perses lui avaient envoyés.

D. Quel parti prirent les Lacédémoniens dans cette circonstance?

R. Ils demandèrent la paix au roi de Perse, et offrirent à ce prince toutes les colonies grecques de l'Asie. Athènes et plusieurs autres villes de la Grèce furent obligées d'accéder à ce honteux traité.

D. Les Spartiates ne s'emparèrent-ils point de Thèbes par trahison?

R. Oui; Phébidas, un de leurs généraux, conduisait des troupes contre les Olynthiens en Thrace; il campa en chemin près de Thèbes, où deux factions entretenaient le désordre. Engagé par un des chefs à le seconder, il s'empara de la citadelle, et Sparte, par ce moyen, se vit maîtresse de la ville de Thèbes.

D. Comment Thèbes recouvra-t-elle sa liberté ?

R. Quatre cents Thébains s'étaient réfugiés à Athènes; Pélopidas, personnage distingué, était de ce nombre. Il entre secrètement dans la ville avec onze autres fugitifs, pénètre dans la salle où les nouveaux magistrats se réjouissaient et leur donne la mort. Il est secondé par un grand nombre de ses amis; la citadelle est forcée de se rendre, et Thèbes se trouve libre.

D. Quel affront reçurent les Thébains quelque temps après ?

R. Agésilas fit effacer leur nom dans un traité de paix que signèrent toutes les villes de la Grèce; ce qui donna lieu à la bataille de Leuctres.

D. Donnez-nous une idée de la bataille de Leuctres.

R. Toute la Grèce conjurée fit marcher contre Thèbes une armée de 24,000 hommes. Cette ville avait à peine 4,000 hommes à leur opposer, mais elle avait une entière confiance en la valeur de ses généraux Pélopidas et Epaminondas. En effet, 1,400 Spartiates, avec leur roi Cléombrote, mordirent la poussière, et Thèbes ne perdit qu 300 hommes.

D. Epaminondas et Pélopidas ne furent-ils pas sur le point d'être condamnés ?

R. Oui; ils avaient conservé le commandement quatre mois au delà du terme prescrit par la loi; on allait les condamner à mort, lorsque Epaminondas, au lieu de se défendre, demanda qu'on mît sur son tombeau *qu'il avait perdu la vie pour avoir sauvé l'Etat.* Le peuple eut honte de sa démarche et se hâta de les absoudre.

D. Qui fut victorieux la baille de Mantinée ?

R. Ce furent encore les Thébains. Sparte avait failli deux fois d'être prise par le vaillant Epaminondas. Athènes, jalouse des succès de Thèbes, s'était jointe à ses ennemis ; les deux armées se rencontrent près de Mantinée, et Epaminondas remporte de nouveau une victoire complète.

D. Que devint Epaminondas ?

R. Ce grand capitaine, aussi recommandable par son équité[1] et sa modération que par ses victoires, mourut des blessures qu'il avait reçues à la bataille de Mantinée. La puissance de Thèbes périt avec lui[2]. Ce fut vers l'an du monde 3645.

D. La Grèce fut-elle encore fertile en grands événements ?

R. Non, elle ne fit plus rien de mémorable ; les mœurs se corrompirent, et chaque jour annonça la fin de la belle époque de cette contrée.

D. Philippe, roi de Macédoine, ne se rendit-il pas célèbre vers ce temps-là ?

R. Il y avait plus de 400 ans que ce royaume subsistait ; ses rois prétendaient descendre d'Hercule ; mais les Grecs ne regardaient point les Macédoniens comme étant de leur nation et ils les traitaient de *barbares*.

D. Comment Philippe parvint-il au trône[3] ?

R. Il fut d'abord tuteur du jeune roi, son ne-

---

1. Il avait pour maxime de ne mentir jamais, même en riant.

2. Pélopidas, son ami intime, avait aussi perdu la vie, quelque temps auparavant, dans un combat.

3. Philippe avait été emmené à Thèbes comme otage, et élevé dans la maison d'Epaminondas. Perdiccas, son frère, roi de Macédoine, étant mort et ayant laissé un enfant pour lui succéder. Philippe, alors âgé de vingt-

veu, et ensuite déclaré roi lui-même par les Macédoniens. A une grande valeur et une politique profonde Philippe joignait une ambition démesurée [1].

EXPLOITS DE PHILIPPE, ROI DE MACÉDOINE.

D. Quelles furent les premières entreprises de Philippe?
R. Il avait formé le dessein de se rendre maître de la Grèce. Il commença par se faire des créatures dans les différentes républiques; Eschine, orateur d'Athènes, lui était vendu. Il s'empara d'Amphipolis, de Potidée, de Lydda et de beaucoup d'autres villes.
D. Démosthènes, orateur athénien, ne s'opposa-t-il point aux vues ambitieuses de Philippe?
R. Oui; Démosthènes ne cessa de tonner contre les projets ambitieux de ce prince; et, par sa pénétration et son éloquence, il tira les Athéniens du profond sommeil où ils paraissaient ensevelis [2].

(An du monde 3649.)

D. Quelle occasion saisit Philippe pour pénétrer dans la Grèce?
R. La guerre sacrée lui offrit cette occasion; les

---

quatre ans, s'enfuit de Thèbes et prit les rênes du gouvernement.
1. Philippe sut se former des soldats, les conduire et s'en faire aimer. Ce fut lui qui créa la phalange macédonienne.
2. Démosthènes, quoique né avec une voix faible et un défaut de prononciation, était parvenu, à force d'exercice, à surmonter ces difficultés; et son talent avait tant de force, qu'il entraînait toujours le peuple.

Phocéens avaient pillé le temple de Delphes dont ils s'étaient emparés. Le tribunal des Amphictyons, pour venger l'injure faite à Apollon, leur défendit de labourer les terres consacrées à ce dieu. Les Phocéens s'arment; Sparte et Athènes se rangent de leur parti; mais les Thébains et les Thessaliens se déclarent pour Apollon.

D. Comment cette guerre tourna-t-elle à l'avantage de Philippe?

R. Les Thébains implorèrent son secours et lui donnèrent le commandement de leur armée. Philippe s'empare par surprise du passage des Thermopyles, et, ne trouvant guère de résistance [1], il devient comme l'arbitre de toute la Grèce, on le reçoit même dans l'assemblée des Amphictyons.

D. Par quelle victoire célèbre Philippe devint-il maître de toute la Grèce?

R. Ce fut par la victoire de Chéronée, Philippe avait déjà fait plusieurs tentatives que la valeur de Phocion, général athénien [2], avait rendues inutiles. Il s'empara enfin d'Elatée, la plus forte place de la Phocide. Thèbes et Athènes, dont cette conquête menaçait la liberté, se liguèrent ensemble et combattirent avec courage; mais la victoire se déclara pour Philippe et elle lui procura une puissance absolue sur toute la Grèce.

D. Quel grand projet forma-t-il ensuite?

R. Celui de réduire l'empire des Perses sous sa

---

1. Philippe, qui savait faire tous les personnages pour parvenir à ses fins, voulut se faire considérer dans cette circonstance comme le vengeur du dieu outragé : il fit prendre à ses soldats des couronnes de laurier; ce qui jeta l'épouvante parmi les Phocéens et leur fit prendre la fuite.

2. Phocion doit être placé à côté des grands hommes de sa patrie, pour sa vertu et ses talents.

puissance. Il faisait de grands préparatifs à ce sujet, lorsqu'il fut assassiné par Pausanias, jeune seigneur qui avait à s'en plaindre.

D. Quel fut le successeur de Philippe?

R. Ce fut Alexandre le Grand, son fils. Les Grecs et d'autres peuples que son père avait subjugués, méprisant sa jeunesse, tentèrent de secouer le joug; mais Alexandre n'eut qu'à se montrer et il les fit tous rentrer dans le devoir [1].

CONQUÊTES D'ALEXANDRE LE GRAND.

(An du monde 3670.)

D. Quelles batailles Alexandre gagna-t-il sur les Perses?

R. Il gagna trois batailles fameuses. Les Perses furent complétement défaits au passage du Granique, dans les plaines d'Issus et dans celles d'Arbelles.

D. Cette dernière victoire n'assura-t-elle pas à Alexandre l'empire des Perses?

R. Darius avait épuisé toutes ses forces [2]; après la bataille d'Arbelles, Alexandre ne trouva plus

---

1. Ce prince, élève d'Aristote, le plus grand philosophe de son siècle, avait déjà donné des preuves de ce qu'il serait un jour, surtout à la bataille de Chéronée. A peine alors âgé de dix-huit ans, il enfonça les troupes thébaines de la discipline d'Epaminondas; entre autres la troupe sacrée qui se croyait invincible.

2. On croit qu'il perdit 300,000 hommes à la bataille d'Arbelles. Le reste de son armée prit la fuite. Ce malheureux prince erra ensuite de province en province et fut assassiné par un de ses satrapes, qu'Alexandre fit mourir à son tour.

la moindre résistance, il soumit la Perse entière.

D. Faites le précis des autres exploits d'Alexandre.

R. Après la mort de Darius, il passa dans les Indes et fit la conquête des nations orientales. Son dessein était de pénétrer jusqu'au Gange; mais ses soldats refusèrent de le suivre plus loin.

D. Que devint ensuite Alexandre?

R. Il revint à Babylone, où les désordres de la Perse le rappelaient. Il formait de nouveaux projets; mais les excès de la table et les dissolutions auxquelles il se livrait depuis quelque temps, terminèrent sa vie et ses desseins. Alexandre mourut à Babylone dans la trente-troisième année de son âge.

D. Faites en peu de mots le portrait de ce grand conquérant.

R. Alexandre montra de la grandeur d'âme dans plusieurs circonstances; il déploya de grands talents; mais ses victoires gâtèrent son cœur et semblèrent même déranger son esprit. Alexandre devint barbare et cruel; ses amis mêmes ne furent pas épargnés[1]. Il livra le sage Callisthène à un supplice horrible, pour s'être opposé à ce qu'on lui rendît les honneurs divins.

D. Que devint l'empire d'Alexandre à sa mort?

R. Il fut partagé entre ses capitaines[2] en quatre

---

1. On cite particulièrement Clitus et Parménion. Le premier lui avait sauvé la vie au milieu d'une bataille; il reçut la mort de sa propre main. L'autre fut assassiné par ses ordres; et c'était à ce grand capitaine qu'il était redevable d'une partie de sa gloire.

2. Ils se battirent d'abord entre eux, et firent périr la mère, le frère, le fils, en un mot toute la famille d'Alexandre.

grandes monarchies : Cassandre eut la Macédoine et la Grèce; Lysimaque, la Thrace et la Bithynie; Ptolémée eut l'Egypte, la Libye et l'Arabie, et Séleucus presque toute l'Asie jusqu'au fleuve Indus. Ces derniers rois fondèrent deux dynasties [1], qui subsistèrent jusqu'au temps où leurs Etats furent subjugués par les armées romaines.

D. Que devint la Grèce?

R. Il ne s'y passa plus rien d'intéressant, excepté la ligue des Achéens, que soutinrent Aratus et Philopœmen, les deux derniers grands capitaines de la Grèce. Ce pays si célèbre devint aussi la proie des Romains et prit le nom d'Achaïe.

DES ARTS, DES SCIENCES ET DE LA LITTÉRATURE DES GRECS.

D. Les arts et les sciences furent-ils en honneur chez les Grecs?

R. Oui; l'agriculture et le commerce, ces deux branches vivifiantes d'un Etat, furent honorés et distingués chez les Grecs, et répandirent partout des semences de prospérité et de bonheur.

D. L'architecture, la sculpture, la peinture ne furent-elles point portées chez les Grecs au plus haut point de gloire?

R. Oui; on vit sous le règne de Périclès l'architecture et la sculpture multiplier leurs chefs-d'œuvre. Les trois ordres d'architecture grecque, savoir : le Dorique, l'Ionique et le Corinthien, subsistent encore aujourd'hui comme des règles

---

1. Ce fut la dynastie des Lagides, en Egypte, et celle des Séleucides, en Syrie.

immuables. Les Phidias, les Polyclète, les Praxitèle, etc., s'immortalisèrent par des ouvrages de sculpture. Les Zeuxis, les Apelles, etc., méritèrent l'immortalité par les prodiges étonnants qui sortirent de leur pinceau.

D. La musique était-elle estimée chez les Grecs?

R. La musique tenait chez les Grecs un rang distingué; elle faisait partie essentielle de l'éducation. Elle élevait leur courage et les portait aux grandes choses.

D. Les Grecs furent-ils versés dans la littérature?

R. Oui; l'école des Grecs est celle où tous les peuples ont depuis perfectionné leur goût. Homère et Eschyle tiennent le premier rang parmi les poëtes, Démosthènes parmi les orateurs, et Aristote parmi les rhéteurs. On est forcé d'avouer qu'en fait de littérature de bon goût, les Grecs sont encore aujourd'hui nos maîtres et nos modèles.

D. Quels sont les principaux historiens grecs?

R. Ce sont Hérodote, Thucydide, Xénophon, Polybe et Plutarque.

D. La Grèce n'eut-elle point des philosophes dont l'occupation était la morale et la législation?

R. Oui; les principaux furent Pythagore, Socrate, Platon, Zénon et une infinité d'autres.

D. La géométrie, l'astronomie, la géographie n'eurent-elles point aussi chez eux des partisans?

R. Oui; toutes ces sciences furent cultivées chez les Grecs avec les plus grands succès.

D. Les Grecs excellèrent-ils dans l'art militaire?

R. Il suffit d'ouvrir l'histoire, pour se convaincre jusqu'où ils portèrent la science militaire. Presque toujours les armes à la main, soit pour attaquer, soit pour se défendre, ils durent nécessairement se distinguer dans l'art des combats [1].

D. Ne se distinguèrent-ils pas aussi dans l'art de la médecine ?

R. Oui ; et Hippocrate, dont les principes sont établis sur l'observation et l'expérience, peut être regardé comme le père de la médecine [2].

D. On ne peut donc disconvenir que les modernes ne doivent beaucoup aux Grecs dans tous les genres ?

R. Non ; mais on peut avancer aussi qu'ils les ont quelquefois surpassés, soit par les découvertes importantes qu'ils ont faites, soit par les méthodes plus simples, plus exactes et beaucoup mieux conçues.

1. Ils y avaient d'ailleurs un attrait particulier; et leurs jeux (pour lesquels ils étaient fortement passionnés) étaient plutôt des combats que des jeux. Les principaux étaient le pugilat, la lutte, le pancrace, le disque et la course. — Les athlètes, c'est-à-dire ceux qui se disputaient le prix dans ces sortes de combats, gardaient un régime de vie très-dur et très-austère.

2. Hippocrate fit son unique étude de la vie de l'homme, et ses principes n'offraient rien de hasardé.

ABRÉGÉ

DE

L'HISTOIRE DE FRANCE

D. En quel temps commence l'histoire de France ?

R. L'an 420 de l'ère chrétienne[1], Théodose le Jeune étant empereur d'Orient et Honorius d'Occident.

D. De quel lieu sont sortis les Français ?

R. Les Francs ou Français[2] sortirent de l'Allemagne[3], qui s'appelait autrefois Germanie, pour s'établir dans les Gaules, qu'on a depuis appelées France.

D. Combien distingue-t-on de races royales ?

R. On distingue trois dynasties ou races royales : La première, dite des Mérovingiens, tire son nom de Mérovée, troisième roi de France, et comprend 22 rois ; la seconde, dite des Carlovingiens, a pris son nom de Charlemagne, qui en fut le second roi ; elle comprend 13 rois ; la troi-

---

1. On voit par cette date que la France est la plus ancienne monarchie de l'Europe.
2. Le nom de Francs ou Français dérive, selon Bossuet, de l'amour de ces peuples pour l'indépendance.
3. Il est probable que les Français habitaient la partie de l'Allemagne que l'on appelle encore aujourd'hui la Franconie.

sième, dite des Capétiens, a été ainsi appelée de Hugues Capet, qui en fut le premier roi; elle renferme 34 rois.

PREMIÈRE RACE ROYALE

DITE DES MÉROVINGIENS

De laquelle il y a eu vingt-deux rois.

PHARAMOND,

Premier roi de France, régna 8 ans.

Ve siècle, vers l'an 420.

Ma valeur et mes lois, en fondant cet État,
En ont éternisé la puissance et l'éclat.

D. Quand Pharamond commença-t-il à régner?
R. L'an 420. Sa valeur et sa prudence le placèrent sur le trône. Il commença la conquête des Gaules, soumit Trèves, dont il fit sa capitale, et porta ses armes victorieuses jusque près de la Somme.
D. Que firent les Francs pour reconnaître la valeur de Pharamond?
R. Ils l'élevèrent sur un bouclier et le portèrent autour du camp. Telle fut la cérémonie de son inauguration, en vertu de laquelle il fut reconnu roi.

DE L'HISTOIRE DE FRANCE.   97

D. Quelle loi attribue-t-on à Pharamond?
R. On lui attribue la loi salique. Plusieurs pensent qu'elle fut rédigée par Clovis.

CLODION,

Deuxième roi de France, régna 20 ans.   Ve siècle
                                          428

Contre les Romains seuls qu'attaqua mon épée,
Par le sort des combats ma valeur fut trompée.

D. Quel fut le successeur de Pharamond?
R. Ce fut Clodion, son fils, surnommé le Chevelu, à cause de sa belle chevelure, ornement distinctif des rois de la première race. Il fut défait en Artois par Aétius, général des Romains. Mais cette défaite ne l'empêcha point de s'emparer d'Amiens où il fixa sa demeure.
D. Quelle fut la durée de son règne?
R. Clodion régna vingt ans. Il eut pour successeur Mérovée, prince de sa famille, qui a donné son nom à la première race.

MÉROVÉE,

Troisième roi de France, régna 10 ans.   458.

Malgré ses fiers projets et son orgueil jaloux,
Le barbare Attila tombe enfin sous mes coups.

D. Quand Mérovée commença-t-il à régner?
R. L'an 448, Valentinien III et Marcien étant empereurs.

5

D. Qu'a-t-il fait de remarquable?

R. Mérovée, prince humain et courageux, se montra surtout digne du trône par ses vertus guerrières[1]. Il se joignit à Aétius et à Théodoric, roi des Visigoths, pour combattre Attila, surnommé le *fléau de Dieu*. Ce barbare fut entièrement défait dans les plaines de Châlons, et son armée dissipée. Mérovée affermit par là son empire ; il l'étendit même sans résistance après la mort d'Aétius.

D En quelle année mourut Mérovée?

R. En 458. Après avoir régné dix ans, **Childéric**, son fils, lui succéda.

CHILDÉRIC Ier,

Ve siècle.
458.

Quatrième roi de France, régna 24 ans.

Je recouvrai le trône, on oublia mes vices,
Et de mon peuple alors je devins les délices.

D. Comment Childéric se conduisit-il sur le trône?

R. Il se livra à des excès et à des débauches qui donnèrent lieu à ses sujets de se révolter et de le chasser de ses États. Il se retira en Thuringe, et l'on mit en sa place Ægidius, que l'on appelle aussi Gilles ou Gillon.

D. Childéric ne fut-il point rétabli sur le trône?

R. Il avait laissé à la cour de son successeur un ministre affidé, qui fit commettre à Ægidius tant

---

1. Rien n'égalait aux yeux des Francs le mérite de bien **combattre.**

de violences, que les Francs désirèrent son retour. Childéric revint en France au bout de huit ans; il épousa peu après Basine, reine de Thuringe, dont il eut Clovis et plusieurs filles.

D. Par quels exploits signala-t-il sa valeur?

R. Il défit Odoacre, roi des Saxons, et s'empara de plusieurs villes, tant sur l'Oise que sur la Seine.

D. Combien de temps régna Childéric?

R. Environ 24 ans. Il fut enfermé à Tournay, où l'on découvrit son tombeau en 1653[1].

CLOVIS Ier,

Cinquième roi de France, régna 30 ans.

Ve siècle.
481.

Esclave de l'erreur, j'adorais de faux dieux,
Mais mon épouse enfin me dessilla les yeux.

D. Par quelles actions Clovis commença-t-il à se faire connaître?

R. Clovis n'avait que seize ans lorsqu'il monta sur le trône; en 486, il attaqua Syagrius, général des Romains, et le défit. Il se rendit par là maître de Soissons et des autres places qui tenaient encore pour les Romains[2].

1. Ce tombeau renfermait, entre autres antiquités, un anneau sur lequel était le portrait du roi, avec ces mots : *Childericus rex*. Il y avait aussi des abeilles de grandeur naturelle en or massif. Ces abeilles étaient le symbole de la tribu des Francs, qui en parsemait ses enseignes.

2. L'empire d'Occident venait d'être détruit par Odoacre, roi des Hérules. Il ne restait plus aux Romains qu'une partie des Gaules, gouvernée par Syagrius (que l'on croit être fils

D. Quelle fut la femme de Clovis?

R. Il épousa en 492 Clotilde, nièce de roi des Bourguignons, princesse aussi belle que vertueuse, qui ne négligea rien pour obtenir la conversion du roi[1]. Le ciel enfin se rendit propice à ses vœux par un événement extraordinaire.

D. Faites-nous connaître cet événement.

R. Clovis était près de succomber avec toutes ses troupes et d'être vaincu par une armée innombrable d'Allemands, qui avaient fait une irruption dans ses Etats. Dans cette extrémité, se souvenant des avis de son épouse, il s'écrie : « *Dieu de Clotilde, secourez-moi! si vous me rendez victorieux, je n'aurai plus d'autre Dieu que vous.* » Il dit, et tout change; la terreur passe du côté de l'ennemi : Clovis triomphe; fidèle à son vœu, il reçoit le baptême des mains de saint Remi, archevêque de Reims. Trois mille de ses soldats sont baptisés avec lui.

D. Quel effet produisit la conversion de Clovis?

R. Le reste de la nation suivit bientôt l'exemple de son souverain, et embrassa la foi catholique.

D. Quel titre portèrent les rois de France depuis le baptême de Clovis?

R. Celui de *rois très-chrétiens,* parce qu'ils furent les premiers qui embrassèrent la religion chrétienne dans toute sa pureté[2], et qu'ils défendirent plus l'Eglise que les autres rois.

d'Ægidius. Clovis ne croyant pas son empire en sûreté, tant qu'il leur resterait un chef, força Alaric, roi des Visigoths, à lui livrer Syagrius, qui s'était réfugié auprès de lui; il lui fit trancher la tête.

1. Clovis était païen comme son peuple et les rois ses prédécesseurs.

2. Presque tous les princes chrétiens du temps de Clovis professaient l'arianisme.

D. Clovis ne continua-t-il pas d'étendre ses conquêtes ?

R. Clovis subjugua le pays des Armoriques [1], rendit la Bourgogne tributaire, gagna sur les Visigoths [2] la célèbre bataille de Vouillé, près de Poitiers, et tua de sa propre main Alaric, roi de cette nation puissante.

D. Quels honneurs les empereurs d'Orient rendirent-ils à Clovis ?

R. Le bruit des exploits de ce prince étant parvenu à Constantinople, l'empereur Anastase lui envoya le titre et les ornements de patrice, de consul et d'auguste.

D. Clovis n'éprouva-t-il pas quelque échec ?

R. Il se vit contraint, pour la première fois, de demander la paix à Théodoric, roi des Ostrogoths ; mais il n'en poursuivit pas avec moins d'ardeur ses projets d'agrandissement. Son ambition le porta à plusieurs cruautés qui ternirent beaucoup sa gloire.

D. Où mourut Clovis ?

R. Clovis mourut en 511 à Paris, dont il avait fait la capitale de son royaume. Il fut inhumé dans l'église de Saint-Pierre et Saint-Paul [3], qu'il avait fait bâtir à la prière de Clotilde.

D. Combien laissa-t-il d'enfants ?

R. Il laissa quatre fils, qui partagèrent ses Etats en quatre royaumes : Thierry fut roi d'Austrasie [4],

---

1. C'est la Bretagne.
2. Les Visigoths occupaient tout le midi des Gaules, depuis la Loire jusqu'aux Pyrénées.
3. Cette église a pris dans la suite le nom de Sainte-Geneviève, parce que cette sainte y fut aussi enterrée.
4. Le royaume d'Austrasie comprenait la Lorraine et tout ce que la France possédait en Allemagne. Celui d'Orléans : le Lyonnais, le Dauphiné, la Provence et la Bourgogne. Le royaume de Paris renfermait le Poitou, le Maine, la Tou-

Clodomir d'Orléans, Childebert de Paris, et Clotaire de Soissons.

D. Cette manière de diviser le royaume était-elle bien établie?

R. Non; elle était très-dangereuse et contraire au bien de l'Etat; cependant elle fut pratiquée jusqu'à la seconde race.

CHILDEBERT Ier,

VIe siècle.
511.

Sixième roi de France, régna 47 ans.

Tremblez, fiers Espagnols, et craignez mon courroux,
La foudre de ce roi ne menace que vous.

D. Comment se passèrent les premières années du règne de Childebert?

R. La prudence de Clotilde contribua beaucoup à maintenir l'union entre les quatre frères. Braves et guerriers, ils tournèrent successivement leurs armes contre les rois de Bourgogne et de Thuringe, puis contre les Visigoths. Tous ces peuples plièrent sous la valeur des princes français; mais Clodomir trouva la mort au sein d'une victoire [1].

---

raine, l'Anjou, la Champagne, la Guyenne et l'Auvergne. Et le royaume de Soissons comprenait le Vermandois, la Picardie, la Flandre et la Normandie. On ne met au rang des rois de France que ceux qui étaient rois de Paris ou de tout le royaume.

1. Les trois frères se partagèrent les États de Clodomir, au préjudice des trois enfants que celui-ci avait laissés presque au berceau; cette injustice amena bien d'autres crimes.

D. Que fit Childebert de remarquable ?

R. Childebert vainquit Amalaric, roi des Visigoths, et poussa ses conquêtes jusqu'en Espagne. Il leva néanmoins le siége de Saragosse par respect pour saint Vincent, martyr, dont on lui offrit la tunique. De retour à Paris, il fit bâtir une église en l'honneur de ce saint [1]. C'est là qu'il fut enterré.

CLOTAIRE Ier,

Septième roi de France, régna 3 ans.

VIe siècle.
558

Dans mon barbare cœur le sang en vain murmure,
Mon pays me rend sourd aux cris de la nature.

D. Que fit Clotaire de remarquable ?

R. Ce roi n'est guère connu que par ses crimes ; il égorgea, conjointement avec Childebert, les enfants de Clodomir [2], qu'il avait attirés sous le prétexte de les mettre en possession du royaume de leur père. Son fils Chramne s'étant révolté contre lui, il le fit brûler, avec toute sa famille, dans une cabane où il s'était réfugié.

D. Que fit-il encore ?

R. Il battit les Saxons et les Thuringiens, et ruina entièrement leur pays.

1. Elle fut appelée dans la suite l'église de Saint-Germain des Prés.
2. Saint Cloud, troisième fils de Clodomir, échappa à ce massacre : il embrassa l'état religieux et fit bâtir dans la suite, à deux lieues de Paris, un monastère où il finit ses jours.

D. Comment mourut Clotaire?

R. Il mourut dévoré de remords. Étant près d'expirer, il s'écria en gémissant : *Qu'elle est grande la puissance de ce roi du Ciel, qui fait ainsi mourir, quand il lui plaît, les plus grands rois de la terre*[1] ! Il fut enterré dans l'église de Saint-Médard qu'il avait commencé à bâtir.

CARIBERT,

VIe siècle.
561.

Huitième roi de France, régna 6 ans.

J'ai, sous mon règne, exempt des alarmes de Mars,
Vu fleurir, par mes soins, la justice et les arts.

D. Qui succéda à Clotaire Ier?

R. Après la mort de ce prince, le royaume fut encore partagé entre ses quatre enfants. Caribert fut roi de Paris, Gontran d'Orléans, Sigebert d'Austrasie, et Chilpéric Ier de Soissons[2].

D. Que remarque-t-on de Caribert?

R. Caribert fut un roi modéré, pacifique, zélé pour la justice, mais trop ami des plaisirs. Il mourut à la fleur de l'âge, sans laisser d'enfant mâle.

1. Clotaire, par la mort de Théodebert, roi d'Austrasie, son neveu, était devenu maître de toute la France.
2. Ce partage si impolitique amena de nouveau des crimes, des horreurs inouïes, et de plus des guerres civiles.

CHILPÉRIC Ier,

Neuvième roi de France, régna 18 ans.

VIe siècle.
565.

J'ai, par mes attentats et mes crimes affreux,
Rendu mon règne infâme et mon nom odieux.

D. A qui passa le royaume de Paris après la mort de Caribert?

R. Il fut partagé entre les trois frères de ce prince. Les historiens s'accordent à regarder Chilpéric comme successeur de Caribert.

D. Quelle princesse épousa Chilpéric?

R. Il épousa Galsuinde, fille d'un roi des Visigoths et sœur aînée de Brunehaut, femme de Sigebert. Quelque temps après, il la fit étrangler pour épouser Frédégonde, femme d'une grande beauté, mais d'une atrocité plus grande encore, et qui lui fit commettre les crimes les plus énormes.

D. Comment mourut Chilpéric?

R. Il fut assassiné en revenant de la chasse, et l'on attribue cet assassinat à Frédégonde, déjà meurtrière des enfants du premier lit de Chilpéric et de Sigebert, roi d'Austrasie. On peut dire que Chilpéric était digne d'une telle épouse. Il fut surnommé le Néron de la France.

CLOTAIRE II,

**VIe siècle.
584.**

Dixième roi de France, régna 44 ans.

Sous un gouvernement injuste et rigoureux,
Peuples, je ne naquis que pour vous rendre heureux.

D. Chilpéric laissa-t-il des enfants ?

R. De tous les enfants de ce prince, il ne restait que Clotaire, âgé seulement de quatre mois. Frédégonde, sa mère, eut la régence du royaume, et elle s'en acquitta habilement [1].

D. Brunehaut ne chercha-t-elle pas à venger la mort de sa sœur et celle de son mari ?

R. Brunehaut, cédant aux désirs de la vengeance, fit entreprendre plusieurs guerres dans lesquelles elle n'eut pas l'avantage. Elle tomba même enfin au pouvoir de Clotaire, qui la condamna aux plus affreux supplices [2] (615).

D. Clotaire n'effaça-t-il pas cette injustice cruelle par un gouvernement sage et modéré ?

R. Étant devenu seul maître de la monarchie par la mort de Théodebert et de Thierry, petit-fils de Brunehaut [3], Clotaire II travailla à faire régner

1. Childebert, fils de Sigebert et de Brunehaut, ayant livré bataille au jeune roi, Frédégonde rassembla toutes ses troupes, se mit à leur tête, portant son fils entre ses bras, pour les animer davantage. La victoire se déclara de son côté, et elle fut complète. Cette trop fameuse rivale de Brunehaut mourut paisiblement dans son lit en 597.

2. Clotaire, plein des sentiments de sa mère Frédégonde, après avoir accusé sa tante Brunehaut des plus grands crimes, la livra aux insultes de la soldatesque, à la cruauté des bourreaux, et, pour dernier supplice, la fit traîner sur les ronces et les cailloux par un cheval indompté.

3. Brunehaut fut régente pendant la minorité de ces

la justice et l'abondance dans son royaume, et témoigna une piété sincère. Il mourut regretté des peuples, âgé de 45 ans, et fut enterré à Saint-Germain des Prés.

DAGOBERT Ier,

Onzième roi de France, régna 10 ans.

VIIe siècle.
628.

Après tant de combats, couronnés par la gloire,
Qu'il est doux de jouir des fruits de la victoire !

D. Dagobert recueillit-il toute la succession de Clotaire II ?
R. Non ; il fut obligé de céder l'Aquitaine [1] à Aribert, son frère.
D. Comment Dagobert se conduisit-il sur le trône ?
R. Le commencement de son règne donna les plus belles espérances ; Dagobert ne se montra d'abord pas inférieur à son père. Il battit les Bretons et les Gascons qui s'étaient révoltés, et pacifia le royaume. Mais bientôt son amour pour les femmes le précipita dans les excès les plus honteux ; il devint le tyran de ses sujets qu'il accabla d'impôts.

jeunes princes ; et grand nombre de monuments, dont plusieurs portent encore aujourd'hui son nom, attestent qu'elle n'usa de son pouvoir que pour l'intérêt des deux royaumes d'Austrasie et de Bourgogne. La soif de la vengeance fut le crime de cette reine infortunée.

1. L'Aquitaine renfermait les provinces de Berri, de Poitou, l'Aunis, la Saintonge, etc., l'Auvergne, la Guyenne, la Gascogne et le Béarn.

D. Dagobert ne revint-il pas de ses déréglements?

R. Dagobert était naturellement bon, compatissant envers les pauvres ; on dit qu'il chercha à réparer ses désordres. Entre autres fondations pieuses, il fit bâtir l'abbaye de Saint-Denis, qu'il enrichit de dons précieux[1] ; il s'y fit transporter sur le point de mourir, étant âgé de 36 ans. Il est le premier des rois de France qui y ait été enterré.

D. Combien laissa-t-il d'enfants?

R. Dagobert laissa deux fils : Clovis II qui lui succéda, et Sigebert qui fut roi d'Austrasie.

CLOVIS II,

VIIe siècle.
638.

Douzième roi de France, régna 17 ans.

Des ministres prudents font le salut du trône ;
Je dois aux miens l'éclat dont brille ma couronne.

D. A quel âge Clovis II monta-t-il sur le trône ?

R. Il n'avait que dix ans. On le mit sous la régence de Nantilde, sa mère, et sous la tutelle des maires du palais.

D. Dites-nous ce qu'était la place de maire du palais.

R. Les maires, qui n'avaient d'abord que l'intendance du palais de nos rois, accrurent bientôt

---

1. On croit qu'il y mit l'oriflamme. C'était un étendard que les anciens rois de France faisaient porter quand ils allaient à la guerre. On prétend qu'il était parsemé de flammes d'or, d'où il avait pris son nom.

leur autorité et se conduisirent en souverains, sitôt que des rois faibles et imbéciles ne purent les réduire au devoir. Leur conduite, en général, fut funeste à la nation [1].

D. Quels ont été les maires du palais les plus célèbres?

R. Les principaux furent Grimoald, qui commença à porter cette dignité au plus haut degré [2]; Pépin d'Héristal, Charles-Martel, son fils, et Pépin le Bref.

D. Que rapporte-t-on de Clovis II?

R. On dit que, dans un temps de famine, il épuisa ses coffres et fit fondre les lames d'or et d'argent qui couvraient le tombeau de saint Denis, pour soulager les pauvres.

D. Combien laissa-t-il d'enfants?

R. Clovis II avait épousé sainte Bathilde, jeune fille anglaise; il en eut trois fils, qui portèrent successivement la couronne. Il fut enterré à Saint-Denis.

---

1. On donna le surnom de *Fainéants* aux princes qui portèrent la couronne depuis Dagobert jusqu'à la fin de la première race. Cependant quelques-uns d'entre eux montrèrent de temps en temps de la vigueur.

2. Grimoald, fils du bienheureux Pépin de Landen, qui avait été maire sous le saint roi Sigebert, frère de Clovis II, n'imita ni la modération, ni la fidélité de son père. Il essaya de mettre son propre fils sur le trône d'Austrasie et de chasser Dagobert, fils de Sigebert, lequel fut relégué en Irlande; mais il n'y put réussir, et, le bruit ayant couru que ce jeune prince était mort, Clovis recueillit sa succession.

CLOTAIRE III,

VIIe siècle.
656.

Treizième roi de France, régna 14 ans.

Pour redoubler l'ardeur du culte des mortels,
J'ai de dons précieux enrichi les autels.

D. A quel âge Clotaire III monta-t-il sur le trône ?
R. Il n'avait que quatre ans. Sainte Bathilde gouverna pendant sa minorité, et rendit le peuple heureux [1]. Mais bientôt Archambaut et Ebroïn, maires du palais, se rendirent les maîtres du royaume. La reine Bathilde, obligée de céder aux efforts de l'intrigue, se retira à Chelles, où elle fonda un monastère. Clotaire III mourut sans laisser d'enfant mâle.

CHILDÉRIC II,

670.

Quatorzième roi de France, régna 3 ans.

Renfermant dans un cloître Ébroïn et mon frère,
J'ai puni leur orgueil et vain et téméraire,

D. Comment Childéric II se comporta-t-il sur le trône ?
R. Il régna d'abord avec sagesse, guidé par les

---

1. Elle racheta de ses deniers ceux d'entre les Gaulois qui étaient assujettis à la servitude, et abolit pour toujours

conseils de saint Léger, évêque d'Autun, son premier ministre ; mais bientôt, se lassant des remontrances que ce saint prélat lui faisait sur ses désordres, il le relégua dans le même monastère qu'Ebroïn.

D. Qu'arriva-t-il ensuite?

R. Childéric, se laissant emporter à son caractère fougueux et brutal, fit battre de verges un seigneur de la cour appelé Bodillon. Outré de cet indigne traitement, ce seigneur massacra le roi avec la reine et ses deux enfants.

THIERRY Ier,

Quinzième roi de France, régna 17 ans.

VIIe siècle.
673.

Qu'un autre au champ de Mars exerce sa valeur,
La douceur du repos fait mon plus grand bonheur.

D. Quel fut le successeur de Childéric II ?

R. Ce fut Thierry Ier, son frère, qui, après beaucoup de troubles, sortit de l'abbaye de Saint-Denis et reprit le diadème. Il se laissa conduire par Ebroïn, puis par Pépin d'Héristal [1], qui sut

le tribut qui accablait ces premiers habitants de nos contrées, et qui en obligeait un grand nombre à se vendre. Ce fut là le premier coup porté à l'esclavage en Europe. Bathilde en avait subi elle-même le joug pénible et humiliant. Esclave d'abord d'un seigneur de la cour, mais bientôt élevée par son rare mérite à la dignité de souveraine, elle fit voir que la vertu peut effacer l'infériorité des conditions.

1. Pépin d'Héristal, arrière-petit-fils de Saint-Arnoul, descendait, à ce que l'on croit, de Mérovée par son aïeul.

gagner le cœur des Français et frayer à ses descendants un chemin au trône. Il laissa en mourant deux fils, qui ne régnèrent pas avec plus d'éclat que leur père.

D. Où fut-il enterré?

R. Dans l'abbaye de Saint-Waast d'Arras, qu'il avait fondée.

CLOVIS III,

VIIe siècle.
690.

Seizième roi de France, régna 5 ans.

Aux conseils de Pépin, aussi bien qu'à son bras,
Ma gloire se remit du soin de mes Etats.

D. **Comment régna Clovis III?**

R. On peut dire qu'il n'avait que le nom de roi. Pépin, maire du palais, régnait réellement et exerçait toute l'autorité. On ne donne à Clovis III ni vertus ni vices. Il mourut dans sa quinzième année.

CHILDEBERT II,

695.

Dix-septième roi de France, régna 16 ans.

Que sert le diadème et le titre de roi,
Quand, sur le trône assis, on ne fait pas la loi?

D. **Quelle idée doit-on avoir de Childebert II?**

R. On dit qu'il fit quelques efforts pour re-

S'il en était ainsi, les deux premières races de nos rois ne seraient que les deux branches d'une même tige.

prendre l'autorité royale, et qu'il ne plia que malgré lui sous la puissance de Pépin. Il mourut à l'âge de 28 ans et laissa un fils nommé Dagobert.

DAGOBERT II,

Dix-huitième roi de France, régna 4 ans.

VIIIe siècle.
711.

A mon trône arraché par la commune loi,
J'ai joui peu de temps du bonheur d'être roi.

D. Dagobert II eut-il plus d'autorité que son père ?
R. Dagobert II n'était qu'un fantôme décoré ; Pépin le tenait sous tutelle. Ce ministre termina sa glorieuse carrière après une administration de vingt-sept ans.

CLOTAIRE IV,

Dix-neuvième roi de France, régna 17 mois.

715.

Du peuple et de l'État pour se rendre l'arbitre,
Martel, de souverain me donna le vain titre.

D. Comment Clotaire IV parvint-il au trône?
R. Charles-Martel le fit élire roi au préjudice de Thierry, fils de Dagobert II. Ce prince n'est connu par aucune action remarquable.

CHILPÉRIC II,

VIIIe siècle.
716.

Vingtième roi de France, régna 4 ans.

Roi banni, rappelé, mais toujours dans les fers,
Quel autre sur le trône eut de plus grands revers ?

D. De qui Chilpéric II était-il fils ?
R. Il était fils de Childéric II. Rainfroi, maire du palais, le tira du cloître pour le mettre sur le trône, après la mort de Clotaire IV. On dit qu'il ne manquait ni de talents ni de courage. Son armée fut battue deux fois par Charles-Martel, qui l'obligea à le recevoir pour son maire du palais. Il mourut bientôt, n'ayant rien pu faire pour sa gloire.

THIERRY II,

720.

Vingt et unième roi de France, régna 17 ans.

Pour amuser le peuple, en lui donnant un roi,
Martel me mit au trône, et fut plus roi que moi.

D. A qui Charles-Martel donna-t-il la couronne après la mort de Chilpéric II ?
R. A Thierry, fils de Dagobert II. Ce prince ne se mêlait point des affaires de son royaume et vivait fort tranquillement dans son palais. Son règne fut le temps de la gloire de Charles-Martel.

DE L'HISTOIRE DE FRANCE.

D. Quels furent les principaux exploits de ce grand homme?

R. Il battit deux fois le duc d'Aquitaine et gagna la fameuse bataille de Tours sur les Sarrasins, où Abdérame, leur chef, fut tué avec près de trois cent mille hommes. Charles-Martel ôta aux Musulmans, par cette défaite, l'envie de soumettre la France à la loi de Mahomet. Cette journée mémorable ne coûta que quinze cents hommes aux vainqueurs [1].

D. Thierry vécut-il longtemps?

R. Non; il mourut l'an 737, dans la vingt-cinquième année de son âge. Charles-Martel continua de régner sous le titre de *duc des Français*, jusqu'à sa mort, qui arriva en 741.

CHILDÉRIC III,

Vingt-deuxième roi de France, régna 8 ans.

VIIIe siècle.
737.

Du vain titre de roi je me vois décoré,
Bientôt de mes sujets je suis abandonné.

D. Quand Childéric III commença-t-il à régner?

R. L'an 742, après un interrègne de cinq à six ans. Pépin, qui avait été établi maire du palais, l'éleva sur le trône, où il parut pendant quelques

---

1. On prétend que ce fut de cette victoire que Charles tira son nom de Martel, pour avoir, comme un marteau, écrasé et mis en poudre les Sarrasins. Aux vertus d'un grand guerrier Charles joignait celles qui font le grand politique et le grand prince.

années avec le vain titre de roi. Il fut enfin confiné dans l'abbaye de Saint-Bertin, à Saint-Omer, où il mourut. Ainsi finit la race des Mérovingiens, après 330 ans de règne, depuis Pharamond, et 270 depuis le grand Clovis.

MOEURS ET COUTUMES DES FRANÇAIS

SOUS LES ROIS DE LA PREMIÈRE RACE.

D. Quel était le costume des Français au commencement de la monarchie ?

R. Les Francs portaient l'habit court avec une large ceinture, où pendait une épée lourde et tranchante. Ils avaient les cheveux coupés par derrière et longs par devant. Ils portaient de petites moustaches au-dessus de la lèvre supérieure.

D. Quel était le caractère des Français sous la première dynastie ?

R. Leur caractère dominant était l'amour de la guerre. C'était, de tous les peuples connus, celui qui entendait le mieux les évolutions militaires.

D. Quelles étaient les armes des Français ?

R. Les Francs combattaient à pied avec l'épée, le javelot et la francisque, espèce de hache à double tranchant. Il n'y avait point de solde parmi eux ; pour cette raison, les guerres de ce temps-là étaient toujours accompagnées du pillage des terres ennemies.

D. Les Francs avaient-ils des troupes réglées ?

R. On ne connaissait point chez eux de troupes

réglées; dans l'occasion, tout le monde était soldat. La guerre terminée, chacun rentrait dans ses foyers.

D. Combien distinguait-on de conditions chez les Français?

R. On en distinguait de trois sortes : les nobles, les hommes libres et les esclaves.

D. Comment se faisait chez les Francs l'installation des rois?

R. Elle se faisait avec beaucoup de pompe et en pleine campagne; les seigneurs et un peuple nombreux étaient sous les armes. On promenait trois fois le nouveau roi, porté sur un bouclier autour du camp, aux acclamations de la multitude. On croit que Clovis et ses successeurs reçurent de plus l'onction royale.

D. Quel était le droit de souverain sous les rois de la première race?

R. Les souverains avaient le droit le plus absolu de faire la guerre, la paix, les traités, les alliances; de lever des impôts, de nommer et de destituer les ducs, les comtes, etc.

D. Qu'appelait-on assemblées champ de Mars ou de mai?

R. Ces assemblées, composées d'évêques et de seigneurs, n'avaient point voix délibérative. Le roi écoutait leurs propositions, leurs avis; et, sans recueillir les voix, modifiait à son gré toutes les lois du royaume, qui alors était purement monarchique.

D. Quel est le plus ancien code de la jurisprudence française?

R. C'est celui des *lois saliques.* D'après une de ces lois, les femmes sont exclues de la couronne; ce qui a fait dire que, parmi les Français, la *couronne ne peut tomber en quenouille.*

D. Les châteaux et maisons royales avaient-ils alors, comme aujourd'hui, l'appareil du luxe et de la magnificence?

R. Non; c'étaient moins des palais que de riches métairies, où se trouvaient des bois, des étangs, des haras, des troupeaux. On en comptait plus de cent soixante dans toute l'étendue du royaume. Les rois mérovingiens, quand ils n'étaient pas en guerre, passaient leur vie à voyager de l'une à l'autre.

D. Dans quel état étaient les lettres et les sciences dans les Gaules, lorsque les Français s'y établirent?

R. Elles y étaient en honneur. On y comptait plusieurs écoles florissantes; celle d'Autun rivalisait sur ce point avec l'Italie et la Grèce; mais la passion des nouveaux dominateurs pour la gloire des armes leur fit dédaigner tout ce qui tenait aux sciences et aux arts. Elles disparurent bientôt, et la France serait retombée dans une barbarie complète, si la première race de nos rois se fût perpétuée un siècle de plus.

SECONDE RACE

DITE DES CARLOVINGIENS,

De laquelle il y eut treize rois.

PÉPIN *dit* LE BREF,

Vingt-troisième roi de France, régna 16 ans.

VIIIe siècle.
750.

Si la France m'élève au trône de ses rois,
Ma valeur justifie et confirme son choix.

D. Quel fut le premier roi de la seconde race?

R. Ce fut Pépin, fils de Charles-Martel. Il fut appelé au trône, autant par son mérite personnel que par le vœu des Français. Il se distingua par sa valeur guerrière, par sa grande sagesse et son talent admirable à manier les esprits [1].

D. Pépin, quoique petit de corps, ne donna-t-il pas quelque preuve de sa force extraordinaire?

R. Oui; informé que l'on plaisantait sur la petitesse de sa taille, il mit bientôt fin à ces plai-

---

1. Son administration fut dirigée par une sagesse si constante, que dans la suite, pour donner la plus haute idée de quelqu'un, on disait : *Il est prudent comme Pépin.*

santeries. Assistant un jour au combat d'un lion avec un taureau, voyant le taureau terrassé par le lion : *Qui de vous*, dit-il aux seigneurs qui l'environnaient, *osera les séparer ou les tuer?*

La proposition les fit frémir : personne ne répondant, *ce sera donc moi*, reprit Pépin ; à ces mots il saute dans l'arène, coupe la gorge au lion d'un coup de sabre, et, d'un autre coup, abat la tête du taureau. Frappés d'admiration, tous s'écrièrent qu'il méritait l'empire du monde.

D. En quoi fit-il paraître sa valeur guerrière ?

R. Il défit les Saxons qui s'étaient révoltés ; il chassa les Sarrasins des provinces méridionales où ils s'étaient maintenus ; il vainquit aussi Astolphe, roi des Lombards, qui avait assiégé la ville de Rome, et l'obligea à faire la paix avec le pape Etienne III, aux conditions qu'il voulut [1].

D. Que fit-il encore ?

R. Il réunit à la couronne le duché d'Aquitaine, et mourut peu après, âgé de 54 ans. On l'enterra à la porte de l'église de Saint-Denis, ainsi qu'il l'avait ordonné [2].

---

1. Sa piété le porta à faire don à l'église de l'exarchat de Ravenne, qu'il avait pris sur Astolphe.

2. On mit sur sa tombe cette épitaphe : *Ci-gît Pépin, père de Charlemagne*, comme s'il avait été encore plus grand par son fils que par lui-même.

CHARLEMAGNE,

Vingt-quatrième roi de France et empereur d'Occident, régna 47 ans.

VIIIe siècle.
768.

Politique profond et brave conquérant,
Aux yeux de l'univers quel autre fut plus grand ?

D. Qui monta sur le trône après Pépin ?
R. Pépin avait partagé son royaume entre ses deux fils, Charlemagne et Carloman ; mais la mort de celui-ci laissa bientôt Charlemagne seul maître de tout l'empire.

D. Donnez en peu de mots le caractère de Charlemagne.
R. Charlemagne mérite le surnom de Grand par ses victoires multipliées et par sa profonde politique ; il fut le père de tous ses sujets et le protecteur des pauvres. On vit sous son règne glorieux fleurir les lois et les lettres. Il réunissait à un vaste génie une grande étendue de lumières ; il attira, protégea tous les hommes de mérite [1], et fonda partout des écoles. Il forma même, dans son palais, une académie dont il voulut être membre.

D. Quels furent ses principaux exploits ?
R. Il vainquit plusieurs fois les Saxons et gagna enfin leur chef par sa douceur [2]. Il détruisit en Ita-

---

1. Il établit le savant Alcuin, religieux anglais, inspecteur général de toutes les écoles de France.
2. Ce chef, nommé *Witikind*, s'étant converti à la religion, devint sujet aussi soumis qu'il avait été ennemi redoutable.

lie le royaume des Lombards, qui avait duré deux cents ans, et reçut le titre de patrice de Rome et d'Italie. Il fut enfin couronné empereur d'Occident. (L'an 800.)

D. De quelles institutions la France est-elle redevable à Charlemagne?

R. Elle lui doit ces lois célèbres, connues sous le nom de *Capitulaires de Charlemagne*, dont plusieurs ont été renouvelées par Louis XIV. Il fit aussi des lois somptuaires [1], et ordonna que les poids et mesures seraient uniformes par tout son empire [2].

D. La vie de Charlemagne fut-elle aussi longue qu'illustre?

R. Elle fut de 72 ans. Ce grand monarque termina saintement sa glorieuse carrière en 814. Son zèle ardent pour la foi, ses vertus et ses bonnes œuvres en tout genre, l'ont fait mettre au rang des saints. Il fut enterré à Aix-la-Chapelle, dont il avait fait la capitale de son empire.

LOUIS Ier, *surnommé* LE DÉBONNAIRE,

IXe siècle.
814.

Vingt-cinquième roi de France et empereur, régna 26 ans.

De mon trône deux fois par mes fils renversé,
Deux fois, en dépit d'eux, je m'y vis replacé.

D. De qui Louis était-il fils?
R. De Charlemagne et d'Hildegarde, sa seconde

1. Ces lois réglaient le prix des étoffes et l'habillement convenable aux particuliers selon leur état.
2. Il établit aussi l'usage de compter par livres, sous et deniers.

femme. Il dut à son caractère doux et facile le surnom de *Débonnaire*. Il avait les vertus d'un particulier; mais les qualités essentielles à un roi lui manquaient.

D. Qu'arriva-t-il de particulier à Louis?

R. Ses trois enfants, Lothaire, Pépin et Louis, à qui il avait partagé ses Etats par testament, se révoltèrent contre lui, parce qu'il en avait changé les dispositions en faveur de Charles, qu'il avait eu de sa seconde femme. Ils le firent enfermer dans l'abbaye de Saint-Médard de Soissons. Il remonta bientôt sur son trône, et mourut rongé de chragrin dans une île du Rhin près de Mayence.

D. Quels ennemis étrangers vinrent attaquer la France sous le règne de Louis le Débonnaire?

R. Ce furent les Normands, peuples féroces et barbares, sortis du Danemark, de la Suède et de la Norvége. Ils dévastèrent tout le pays entre la Loire et le Cher, et se présentèrent devant Tours pour en faire le siége; mais ils furent battus et mis en déroute [1].

CHARLES II, *dit* LE CHAUVE,

Vingt-sixième roi de France et empereur, âgé de 17 ans, régna 37 ans.

IXe siècle.
840-

J'ai su l'art de combattre, et, pour comble de gloire,
Mon bras sous mes drapeaux sut ranger la victoire.

D. Qui succéda à Louis le Débonnaire au trône de France?

R. Ce fut Charles le Chauve, fils de Judith. Son

[1]. Les Normands continuèrent leurs terribles ravages

frère Lothaire entreprit d'envahir ses domaines; mais Charles s'unit avec son frère, Louis le Germanique, pour lui résister. On se battit près de Fontenay, et l'empereur Lothaire fut vaincu. Le combat fut si sanglant qu'il resta plus de 100,000 hommes sur la place.

D. Qu'arriva-t-il encore de particulier sous son règne?

R. Ce fut sous le règne de ce prince, peu capable de porter le poids d'une couronne, que les gouvernements, les duchés, les comtés, les marquisats, qui jusque-là n'avaient été que des commissions temporaires, devinrent héréditaires et préparèrent à la France cette multitude de petits souverains, qui en furent pendant plusieurs siècles les tyrans; telle est l'origine et l'époque des fiefs de la féodalité [1].

D. Comment mourut Charles le Chauve?

R. Il fut empoisonné par un Juif, son médecin, à son retour d'Italie, où il s'était fait couronner empereur, après la mort de Lothaire.

LOUIS II, *dit* LE BÈGUE,

Vingt-septième roi de France, régna 2 ans.

IXᵉ siècle.
877.

Malgré les mécontents, les projets téméraires,
Je règne et monte enfin au trône de mes pères.

D. De qui Louis était-il fils?
R. De Charles le Chauve et d'Ementrude, sa

jusqu'en 905. Charles le Chauve fut assez faible pour leur opposer l'or au lieu du fer; ce qui occasionna de nouvelles courses et de fréquentes déprédations.

1. On appelait fiefs ou bénéfices, des terres dépendantes

femme. Il ne se passa rien d'intéressant sous son règne. Il laissa deux fils, Louis III et Carloman, qui lui succédèrent.

LOUIS III et CARLOMAN,

Vingt-huitièmes rois de France, régnèrent, Louis 4 ans, et Carloman 5 ans.

IXe siècle. 879.

Le trône, qui jamais ne souffrit de partage,
Nous vit régner ensemble et régner sans ombrage.

D. Comment régnèrent Louis III et Carloman?
R. Ils partagèrent l'autorité et vécurent unis. Louis eut la Neustrie, aujourd'hui la Normandie, et Carloman, l'Aquitaine et la Bourgogne. Ils remportèrent plusieurs victoires sur les Normands; mais Louis mourut bientôt, et Carloman traita avec ces barbares pour les faire sortir de ses Etats.

D. Qu'arriva-t-il ensuite à Carloman?
R. Ce jeune prince, étant à la chasse, fut blessé mortellement par un sanglier, et mourut, comme son frère, sans laisser d'enfants.

de la couronne, que les rois donnaient aux grands du royaume pour les récompenser des services qu'ils avaient rendus à l'Etat, à condition de fournir, en temps de guerre, un certain nombre d'hommes. On appelait les possesseurs des grands fiefs les grands vassaux de la couronne. Quelques-uns devinrent si puissants qu'ils firent trembler plus d'une fois les rois sur leur trône.

CHARLES III, *dit* LE GROS.

IXe siècle.
885.

Vingt-neuvième roi de France, régna 3 ans.

Par trois peuples ce roi, par trois fois couronné,
Fut de tous ses sujets enfin abandonné.

D. Comment Charles le Gros parvint-il à la couronne de France?

R. Elle appartenait à Charles le Simple, fils posthume de Louis le Bègue; mais l'abbé Hugues, son tuteur, appela Charles le Gros pour opposer aux Normands une plus grande masse de forces. Charles, déjà empereur d'Occident [1], vit sous ses lois presque autant d'Etats qu'en avait eu Charlemagne; mais il était incapable de soutenir un tel fardeau.

D. Que firent les Normands?

R. Aussitôt que ces barbares eurent appris la mort de Carloman, ils rentrèrent en France et s'y livrèrent aux plus horribles excès. Devenus plus hardis par l'impunité, ils remontèrent la Seine avec plus de 700 barques et vinrent mettre le siége devant Paris. Les Parisiens, animés par le comte Eudes et plusieurs autres vaillants seigneurs, défendirent la ville encore mieux qu'elle n'était attaquée. Charles le Gros vint enfin à la tête d'une armée considérable; mais, au lieu de livrer bataille aux ennemis, il aima mieux leur demander la paix, qu'il obtint moyennant 500 livres pesant d'argent [2].

1. Il était fils de Louis le Germanique.
2. Il leur permit encore de passer l'hiver dans la Bourgogne, qu'il abandonna à leur avidité.

D. Quelles furent les suites de ce honteux traité?

R. Tous les grands de l'empire se soulevèrent; Charles se vit bientôt abandonné et relégué dans un village de Souabe, où il mourut de chagrin.

EUDES,

Trentième roi de France, régna 10 ans.

IXe siècle.
888.

La vertu la plus pure et la plus belle vie
Ne sont pas, sur le trône, à couvert de l'envie.

D. Comment Eudes monta-t-il sur le trône?

R. Eudes, regardé comme le sauveur de la ville de Paris, reçut la couronne comme prix de sa valeur [1]. Il eut dès la première année de son règne l'occasion de se signaler de nouveau; avec 4,000 cavaliers seulement, il surprit près de Montfaucon et tailla en pièces une armée de 19,000 hommes. Il aurait chassé entièrement ces brigands, dont il était devenu la terreur; mais la jalousie de plusieurs seigneurs traversa ses glorieux succès. Eudes eut la noblesse de céder le trône à Charles le Simple, afin de maintenir la paix de l'Etat.

1. Outre le mérite personnel, sa naissance lui donnait des titres à la couronne, comme issu de Pépin d'Héristal (par Plectrude, seconde femme de ce maire célèbre) et par lui de Mérovée, comme nous l'avons vu plus haut. Eudes fut le bisaïeul de Hugues Capet. D'où il s'ensuit que les trois races de nos rois n'en font qu'une.

D. Où mourut-il ?
R. Eudes mourut à la Fère, en Picardie, et fut enterré à Saint-Denis.

CHARLES LE SIMPLE,

IXe siècle.
898.

Trente et unième roi de France, régna 25 ans.

Par trop de confiance et de simplicité,
Ce roi perdit son trône avec sa liberté.

D. Donnez une idée de Charles le Simple.
R. Le surnom de Simple le peint d'un seul trait. Faible, sans caractère, ce prince ne pouvait, ne fit rien de grand. Sous son règne déplorable, la maison de France perdit l'Allemagne avec l'Empire [1]. Charles oublia les droits de sa naissance, ou n'osa entreprendre de les soutenir.

D. Que se passa-t-il encore de remarquable sous le règne de Charles le Simple?
R. Les Normands, continuant leurs ravages, et Rollon leur chef s'étant emparé de Rouen, d'où il portait la désolation de toutes parts, Charles lui fit des offres très-avantageuses auxquelles il se rendit [2]. Rollon embrassa le chris-

---

1. Il y eut quatre rois de France qui portèrent le titre d'empereur, savoir : Charlemagne, Louis le Débonnaire, Charles le Chauve et Charles le Gros. L'empereur Louis IV étant mort, l'empire d'Occident passa des Français aux Allemands et devint électif en 912.
2. Charles lui offrit sa fille en mariage, et pour dot une partie de la Neustrie, à condition qu'il lui ferait hommage de ce duché, et que lui et ses Normands se

tianisme et se fixa avec les siens dans le pays appelé aujourd'hui Normandie, du nom de ces insulaires. Charles laissa un fils qui prit le nom d'Outre-mer, parce que sa mère, qui craignait pour ses jours [1], le conduisit avec elle en Angleterre.

RAOUL,

Trente-deuxième roi de France, régna 13 ans.

Xe siècle. 923.

J'ai su, par mes vertus et ma haute valeur,
Me faire pardonner le nom d'usurpateur.

D. Comment Raoul parvint-il au trône ?
R. Raoul usurpa le trône ; mais ses grandes qualités, ses vertus, son courage le rendirent digne de régner. Il dompta les seigneurs les plus puissants, punit leur insolence, et par là étouffa tous les germes des discordes et des divisions continuelles auxquelles le royaume était exposé. Raoul mourut sans enfants en 936.

feraient chrétiens. Rollon, maître d'un si beau pays, en devint le législateur : il abolit tout à fait le vol, et civilisa si bien ses sujets, que la Normandie changea tout à coup de face.
1. Les seigneurs, las de voir la France dépérir par l'incapacité du chef, excitèrent de nouveaux troubles. Robert, fils de Robert le Fort, et frère du dernier roi, se fit sacrer à Reims ; mais Charles le tua, dit-on, de sa propre main à la bataille de Soissons. Hugues le Grand vengea la mort de son père : Charles fut pris et enfermé au château de Péronne où il mourut.

LOUIS IV, *dit* d'outre-mer,

Xe siècle.
936.

Trente-troisième roi de France, régna 18 ans.

L'humide sein des mers, au gré de mes projets,
Me rend à mes Etats ainsi qu'à mes sujets.

D. Comment et par qui Louis d'Outre-mer vint-il à bout de ressaisir le sceptre?
R. Hugues le Grand, beau-frère de Raoul, aurait pu s'emparer du trône [1]. Il crut se faire un plus grand mérite en appelant Louis d'Outre-mer, qui y avait des droits légitimes. Ce prince ne manquait ni de courage ni de capacité. Il tenta de gouverner par lui-même ; mais il fut subjugué par le génie de Hugues, qui régna sous son nom avec le titre de duc des Français. Louis IV mourut d'une chute de cheval, et laissa l'empire à Lothaire, son fils.

LOTHAIRE,

954.

Trente-quatrième roi de France, régna 32 ans.

Par les nobles travaux de ma valeur guerrière,
De mes vastes Etats j'étendis la frontière.

D. Que se passa-t-il au commencement du règne de Lothaire ?
R. Hugues le Grand, qui avait protégé le jeune

---

[1]. Il avait déjà eu la générosité de le céder à Raoul.

roi, mourut deux ans après qu'il l'eut placé sur le trône. Hugues Capet, son fils aîné, le remplaça dans sa dignité et sa puissance. Il fut d'un grand secours à Lothaire, et l'aida beaucoup à contenir les autres seigneurs dans le devoir.

D. Lothaire fit-il la guerre ?

R. Il voulut se faire céder la Lorraine par Othon II, et remporta sur lui plusieurs victoires, dont il ne sut pas néanmoins profiter. Lothaire mourut âgé de 45 ans, et laissa un fils nommé Louis, qui lui succéda.

LOUIS V, *dit* LE FAINÉANT,

Trente-cinquième roi de France, régna un an.

Xe siècle.
986.

Le sort qui le ravit à nos vœux les plus chers
Ne fit que le montrer aux yeux de l'univers.

D. Quel fut le dernier roi de la race des Carlovingiens ?

R. Ce fut Louis V, surnommé *le Fainéant*, à cause de la courte durée de son règne.

D. Qui devait lui succéder ?

R. Charles, frère de Lothaire, était appelé par le droit de sa naissance à régner après lui ; mais Hugues Capet s'empara du trône. Ainsi finit la race des Carlovingiens, après avoir duré 237 ans.

D. Quelles sont les causes de la ruine de la seconde race ?

R. 1° L'usage bien impolitique de partager le royaume entre les enfants du roi à sa mort ; 2° la faiblesse de la plupart des successeurs de Charlemagne, parmi lesquels il s'en trouve à peine cinq ou six qui aient eu du bon sens et du courage; 3° les ravages des Normands, et, enfin, la féodalité.

MOEURS ET COUTUMES DES FRANÇAIS.
ÉTAT DES SCIENCES ET DES ARTS
SOUS LES ROIS DE LA SECONDE RACE.

D. Quelles assemblées succédèrent à celles du champ de Mars ou de mai?

R. Ce furent les cours plénières. Ces assemblées étaient moins importantes par leur objet, mais plus magnifiques dans leur appareil que celles du champ de Mars. Elles se tenaient deux fois l'an : à Noël et à Pâques, et duraient huit jours [1].

D. Qu'appelait-on livrées?

R. On appelait livrées les vêtements que le roi, au temps des assemblées générales, donnait à ses officiers, à ceux de la reine et des princes du sang [2].

D. Quelle était la forme des habits sous les rois de la seconde race?

R. C'était l'habit long.

D. Les appartements avaient-ils la même forme qu'aujourd'hui?

R. Non; on ne connaissait point alors l'usage

1. Le roi, dans ces occasions solennelles, mangeait en public. Chaque service était levé au son des flûtes et des hautbois. On versait une pluie d'or et d'argent sur le peuple qui la recueillait avec de grandes acclamations. Ces fêtes si coûteuses furent tenues avec plus ou moins de magnificence jusqu'au quinzième siècle.

2. C'est de là qu'est venu l'usage et le nom de livrées, aujourd'hui réservées aux laquais.

des cheminées. La famille s'assemblait au milieu d'une salle enfumée, autour d'un large foyer dont le tuyau allait percer le plafond. La bougie, la chandelle même, étaient des objets de luxe, à peine usités chez les princes. On ne portait que des chemises de serge; le linge de table était presque inconnu.

D. Quelles étaient les armes des Français à cette époque?

R. Les Français avaient pour armes défensives le casque et la cuirasse, et pour armes offensives, l'arc et les flèches. Les armées, qui jusqu'alors n'avaient eu que de l'infanterie, eurent de la cavalerie.

D. Quels étaient les divertissements des rois et des nobles dans ce temps-là?

R. Leur principal divertissement était la chasse. C'était, de toutes les occupations de la noblesse, celle qui tenait le premier rang après la guerre.

D. Les lettres furent-elles en vigueur sous les rois de la seconde race?

R. Le règne de Charlemagne fut pour les lettres une époque de faveur et de gloire; mais les troubles qui désolèrent l'empire sous ses successeurs firent abandonner les écoles, et l'Europe ne tarda pas à retomber dans l'ignorance et la barbarie, d'où l'avait tirée le génie de Charlemagne [1].

1. Il y eut néanmoins toujours des gens lettrés dans les monastères, où la grande occupation, après le service divin, était de copier des livres. Sans les moines nous aurions sans doute perdu tous les trésors de l'antiquité.

TROISIÈME RACE

DITE DES CAPÉTIENS,

Trente-quatre rois depuis Hugues Capet, en 987, jusqu'à Louis XVIII.

La troisième race de nos rois se divise en cinq branches : 1° celle des *Capétiens* proprement dits ; 2° la première des *Valois* ; 3° celle d'*Orléans* ; 4° la seconde des *Valois* (ou Valois d'Orléans) ; 5° celle des *Bourbons*.

PREMIÈRE BRANCHE

DES CAPÉTIENS PROPREMENT DITS,

Quatorze rois depuis Hugues Capet, en 987, jusqu'à Philippe de Valois, en 1328.

HUGUES CAPET,

Trente-sixième roi de France, régna 9 ans.

Xe siècle. 987.

Si je donne à la France une face nouvelle,
Roi nouveau, je la rends plus brillante et plus belle.

D. Comment Hugues Capet monta-t-il sur le trône ?

R. L'amour des peuples, ses talents distingués prévalurent sur les droits de Charles, frère de Lothaire. Celui-ci fit de vaines tentatives pour recouvrer ses Etats ; il tomba entre les mains de son compétiteur, qui le retint prisonnier dans la tour d'Orléans jusqu'à sa mort, en 992.

D. Dans quel état était la France lorsque Hugues Capet parvint à la couronne?

R. La France était alors partagée entre un grand nombre de seigneurs, dont les sept principaux formaient le corps des pairs laïques [1]. Hugues chercha surtout à se concilier leur affection, et y réussit. A la plus haute réputation de sagesse dans le gouvernement il joignait celle de la valeur et de l'habileté guerrière.

D. Régna-t-il longtemps?

R. Il mourut dans la dixième année de son règne et fut enterré à Saint-Denis. Il avait eu la précaution de faire sacrer son fils Robert, qui lui succéda sans aucune opposition [2].

ROBERT,

Trente-septième roi de France, régna 33 ans.

Xe siècle.
997.

Ce roi, juste, savant, humain, prudent et sage,
Eut toutes les vertus pour premier apanage.

D. Quelle contradiction Robert éprouva-t-il au commencement de son règne ?

R. Il avait eu la faiblesse d'épouser Berthe, sa

1. Hugues était le principal de ces sept pairs ; devenu roi, il en réduisit le nombre à six. Il est assez vraisemblable que la pairie, telle qu'elle existait en France avant la Révolution, date de cette époque.

2. Les premiers successeurs de Hugues Capet suivirent

parente. Ce mariage fut déclaré nul. Robert eut beaucoup de peine à se rendre à cette décision ; mais son respect sincère pour la religion lui fit ouvrir les yeux. Il se sépara de Berthe, et épousa Constance, fille du comte d'Arles, dont il eut deux fils.

D. Robert n'essuya-t-il pas aussi des chagrins de la part de ses enfants ?

R. Oui ; à l'instigation de leur mère Constance, femme altière et bizarre, les deux princes se soulevèrent et prirent les armes contre leur père ; mais Robert n'eut qu'à se montrer et aussitôt ils rentrèrent dans le devoir.

D. Quelles qualités remarque-t-on en Robert ?

R. C'était un prince clément, pieux, appliqué, aimant l'étude. Il mourut généralement regretté. On disait de lui : *Il fut le roi de ses passions comme de ses peuples.*

HENRI Ier,

XIe siècle.
1031.

Trente-huitième roi de France, régna 29 ans.

Que son bras se désarme ou lance le tonnerre,
Il sut faire la paix aussi bien que la guerre.

D. Henri parvint-il tranquillement au trône ?

R. Constance, sa mère, qui ne l'aimait pas, fit tous ses efforts pour l'obliger de céder ses droits à son frère Robert ; mais Henri sut se maintenir sur cet exemple. Dès lors l'hérédité du trône fut consacrée en faveur du fils aîné, et le royaume ne fut plus partagé ; ce qui épargna à la France bien des secousses et des révolutions.

le trône malgré ses intrigues. Il gouverna avec beaucoup de modération, et sut montrer au besoin qu'il ne manquait ni de fermeté ni de valeur.

D. Ne place-t-on pas sous le règne de Henri la plus horrible famine qu'ait essuyée la France ?

R. Oui ; des pluies presque continuelles, pendant l'espace de trois années consécutives, avaient empêché les fruits et les moissons d'arriver à leur maturité. Bientôt la disette fut extrême, dans la Bourgogne surtout, où elle donna lieu à des scènes atroces. On vit non-seulement les cadavres déterrés servir d'aliments, mais les hommes aller à la chasse des hommes pour les dévorer [1]. La famine causa une mortalité affreuse, les cadavres furent abandonnés sans sépulture dans les rues et sur les chemins. Les loups, accoutumés à se nourrir de chair humaine, attaquaient indistinctement les vivants et les morts. Mais à cette terrible stérilité succéda une abondance si extraordinaire, que la récolte de 1033 fit oublier à la France tous les maux qu'elle avait soufferts.

D. Henri laissa-t-il des enfants ?

R. Il eut d'Anne de Russie, sa femme, un fils nommé Philippe, qu'il fit couronner avant de mourir et qui lui succéda.

---

1. Un boucher de Tournus mit en vente de la chair humaine. On trouva chez un aubergiste, près de Mâcon, 48 têtes humaines (les corps avaient servi de mets). L'un et l'autre furent brûlés vifs.

PHILIPPE Ier,

XIe siècle, 1060.

Trente-neuvième roi de France, régna 49 ans.

D'un règne commencé sous tant d'heureux auspices,
France, de quel espoir t'ont flatté les prémices ?

D. Quel âge avait Philippe lorsqu'il monta sur le trône ?

R. Il avait environ sept ans. Il eut pour régent Baudouin, comte de Flandre, qui se conduisit avec beaucoup de sagesse et fit le bonheur du peuple.

D. Le règne de Philippe ne fut-il pas illustré par quelques événements extraordinaires ?

R. Oui ; ces événements, auxquels le roi n'eut aucune part, sont : 1° la conquête de l'Angleterre, par Guillaume, duc de Normandie, en 1066 ; 2° la Terre sainte enlevée aux infidèles, un royaume chrétien érigé dans Jérusalem par la valeur de Godefroi de Bouillon, en 1099.

D. C'est donc sous ce prince que se fit la première croisade ; à quelle occasion eut-elle lieu ?

R. Les empereurs d'Orient, que les infidèles avaient dépouillés de leurs plus belles possessions, imploraient depuis longtemps le secours des princes d'Occident. Il fallut qu'à leurs vives instances se joignissent des vues de religion. Pierre l'Ermite, gentilhomme picard, ayant fait le voyage de Jérusalem, avait été témoin des cruautés exercées contre les chrétiens. Il s'employa auprès du souverain Pontife, parcourut les provinces, et fit de vives remontrances à Philippe. Tous les princes chrétiens se croisèrent pour conquérir la Terre sainte, et la noblesse française s'acquit une grande célébrité dans cette exécution [1]. On voit par là que l'entreprise des croisades avait pour motif principal une cause politique, et que le motif de religion n'était qu'accessoire.

D. Pourquoi Philippe resta-t-il dans l'inaction?

R. Ce prince s'abandonnait à la volupté et à l'incontinence; ce qui ternit beaucoup son règne et sembla effacer les qualités estimables qu'il possédait d'ailleurs.

D. Ne s'éleva-t-il pas à cette époque plusieurs ordres religieux?

R. Oui; les hospitaliers, les templiers, les chevaliers teutoniques, prirent naissance à peu près dans ce temps-là. Ils étaient religieux et guerriers, et se consacraient à la défense des pèlerins. C'est aussi à cette époque qu'on rapporte l'institution de l'ordre des Chartreux, par saint Bruno; la fondation de Cîteaux, par Robert; celle de Fontevrault, par Robert d'Arbrissel.

LOUIS VI, *dit* LE GROS,

Quarantième roi de France, régna 29 ans.

XIIe siècle.
1108.

Souverain d'un Etat illustre et florissant,
L'art de le gouverner me rendit tout-puissant.

D. Quel fut le successeur de Philippe Ier?
R. Ce fut Louis VI, son fils, surnommé le Gros,

---

1. On donna le nom de croisades aux guerres entreprises

à cause de l'énormité de sa taille. Son père se l'était associé dans le gouvernement, et il s'était acquis, depuis longtemps, l'affection des peuples et le respect des seigneurs.

D. Comment se comporta-t-il sur le trône?

R. Il employa les premières années de son règne à réduire les vassaux qui osèrent l'inquiéter; il sut réprimer les uns, châtier les autres et soutenir avec éclat la majesté royale; mais il manqua de politique dans les guerres qu'il eut à soutenir.

D. Contre qui Louis porta-t-il ses armes?

R. Ce fut contre Henri Ier, roi d'Angleterre. Il fut quelquefois malheureux, mais toujours brave et intrépide. On raconte que dans une bataille un Anglais, ayant saisi la bride de son cheval, s'écria: *Le roi est pris. — Ne sais-tu pas*, lui dit Louis, *qu'on ne prend jamais le roi aux échecs?* puis il le renverse d'un coup d'épée. La rivalité qui règne entre la France et l'Angleterre date de son règne.

LOUIS VII, *dit* LE JEUNE,

XIIe siècle.
1137.

Quarante et unième roi de France, régna 43 ans.

Pour venger les chrétiens d'un cruel esclavage,
La Palestine a vu ma flotte et mon courage.

D. Que se passa-t-il de remarquable pendant le règne de Louis VII?

R. Ce prince employa les premières années de

pour délivrer la Terre sainte du joug des Mahométans, parce que tous ceux qui s'y enrôlaient portaient une croix sur leurs habits.

son règne à réprimer les entreprises de plusieurs vassaux. Thibaut, comte de Champagne, ne se lassant pas de lui nuire, Louis saccagea les domaines du rebelle, prit Vitry, le réduisit en cendres, sans épargner l'église, où périrent plus de treize cents personnes.

D. Que fit-il pour l'expiation de ce crime?

R. Il promit, à l'instigation de saint Bernard, de marcher en personne au secours de la Terre sainte, que les infidèles menaçaient de remettre sous le joug. Après avoir confié la régence du royaume à Suger, abbé de Saint-Denis, il prit le chemin de l'Asie, à la tête de quatre-vingt mille combattants; mais son armée périt malheureusement par la trahison des Grecs et par les désordres auxquels se livrèrent la plupart des soldats. Conrad, empereur d'Occident, qui s'était aussi croisé, ne fut pas plus heureux que Louis.

D. Que fit-il peu de temps après son retour?

R. Il répudia Éléonore, fille du duc d'Aquitaine, parce qu'elle était sa parente. Cette princesse épousa Henri Plantagenet, duc d'Anjou, qui, déjà maître de la Touraine, du Maine, de la Bretagne et de la Normandie, fut encore appelé par le droit de sa naissance au trône d'Angleterre. C'est de là que date l'influence que les rois d'Angleterre eurent ensuite sur le continent. Louis VII laissa un fils appelé Philippe Auguste, héritier de son courage, et qui surpassa de beaucoup son père en habileté et en politique.

PHILIPPE II, *surnommé* AUGUSTE,

XIIe siècle.
1180.

Quarante-deuxième roi de France, régna 43 ans.

Si du surnom d'Auguste on m'a qualifié,
Par mes hautes vertus je l'ai justifié.

D. Pourquoi donne-t-on à Philippe II le surnom d'Auguste?

R. C'est à cause de ses exploits. Philippe n'avait que quinze ans lorsqu'il monta sur le trône; mais, malgré sa jeunesse, il évita l'écueil des plaisirs. Le roi d'Angleterre voulant envahir ses Etats, Philippe le força, les armes à la main, de confirmer les anciens traités entre les deux royaumes.

D. Que fit ensuite Philippe?

R. Il s'appliqua à faire jouir son peuple des fruits de la paix. Il chassa les Juifs, qui exerçaient contre ses sujets des usures criantes; il traita de même les comédiens et établit des peines sévères contre les blasphémateurs; il protégea et soutint l'université naissante de Paris, et fit paver les rues de cette grande ville [1].

D. Philippe Auguste ne fit-il pas le voyage de la Terre sainte?

R. Philippe, ayant appris le péril où se trouvaient les chrétiens de la Palestine, que le soudan d'Egypte voulait accabler, partit avec Richard, roi d'Angleterre; ils prirent ensemble la ville d'Acre; mais, peu satisfait des procédés de Richard, Philippe revint bientôt dans ses Etats.

---

1. Il renferma aussi dans son enceinte une partie des bourgs qui l'environnaient.

D. Que fit-il alors?

R. Il obligea Baudouin, comte de Flandre, à lui céder l'Artois, et ne tarda pas à s'emparer de la Normandie, qu'il réunit pour jamais à la couronne [1]. Le vainqueur soumit avec la même facilité la Touraine, le Maine, le Poitou et l'Anjou; de sorte que les rois d'Angleterre n'eurent plus que la Guyenne dans le continent.

D. Qu'a-t-il fait de plus glorieux?

R. La plus célèbre de ses victoires est celle qu'il remporta sur Othon IV et ses confédérés, à la bataille de Bouvines, entre Lille et Tournai. Philippe n'avait que cinquante mille hommes, contre près de deux cent mille [2].

D. A quoi s'occupa-t-il ensuite?

R. Il fit clore de murs et de tours la ville de Paris, et fit bâtir l'église Notre-Dame, le Louvre et les halles.

D. A quel âge mourut Philippe Auguste?

R. Il mourut à l'âge de cinquante-sept ans. Ce prince réunissait toutes les vertus qui caractérisent les vrais héros, et peut être regardé comme un des plus grands rois qu'ait eus la France.

---

1. Il y avait 300 ans que Charles le Simple l'avait cédée au fameux Rollon et à ses Normands.

2. Cette victoire accrut de beaucoup son autorité sur ses vassaux, dont plusieurs considéraient plus leurs intérêts personnels que le bien général du royaume. Ce fut ce qui engagea Philippe à adresser ce discours aux combattants, quelques heures avant l'action (après avoir déposé sa couronne sur l'autel, où l'on venait de célébrer la messe pour l'armée) : *Français, leur dit-il, s'il est quelqu'un parmi vous que vous jugiez plus digne que moi de porter ce diadème, je suis prêt à le lui céder ; mais si vous ne m'en croyez pas indigne, songez que vous avez à sauver aujourd'hui votre roi, vos familles, vos biens et votre honneur.* Tous à l'instant s'écrièrent : *Vive Philippe! vive notre*

LOUIS VIII, *surnommé* LE LION,

XIIIe siècle. 1223.

Quarante-troisième roi de France, régna 3 ans.

Fléau de l'hérésie et vengeur des autels,
Mon zèle ardent rendit mes exploits immortels.

D. Pourquoi Louis VIII est-il surnommé le Lion?

R. C'est à cause de sa valeur extraordinaire. Les Anglais, frappés de ses qualités héroïques, l'avaient appelé au trône de la Grande-Bretagne.

D. Que fit il de remarquable étant monté sur le trône de France?

R. Il reprit sur les Anglais le Limousin, l'Aunis et la Rochelle, tourna ensuite ses armes contre les Albigeois; mais, la saison ne lui permettant pas d'assiéger Toulouse, il prit son chemin vers Paris.

D. Comment mourut Louis VIII?

R. Etant tombé dans une maladie grave, les médecins lui proposèrent un remède qui offensait la pureté. Ce religieux prince le rejeta avec indignation et mourut martyr de la chasteté; mort bien digne, sans doute, du père de saint Louis.

roi! Nous mourrons pour le défendre et pour sauver la France!

LOUIS IX, *dit* SAINT LOUIS,

Quarante-quatrième roi de France, régna 44 ans.

XIIIe siècle.
1226.

D'un immortel éclat, ce grand roi revêtu,
Règne aux cieux où l'a fait couronner sa vertu.

D. Quel âge avait saint Louis lorsqu'il monta sur le trône?

R. Il n'avait que onze ans. La régence fut confiée à la reine Blanche de Castille, sa mère, princesse accomplie, qui fit de son fils non-seulement un grand roi, mais aussi un grand saint. Elle lui répétait souvent ces paroles : *Mon fils, Dieu sait combien vous m'êtes cher, cependant j'aimerais mieux vous voir mort que coupable d'un péché mortel.*

D. Que fit Louis IX étant parvenu à l'âge de majorité?

R. L'habile régente avait forcé les seigneurs qui avaient tenté de se soulever à rentrer dans l'ordre; elle avait même accru les domaines et l'autorité de son fils. Louis soutint ce que sa mère avait commencé et gouverna avec beaucoup de fermeté et de sagesse.

D. Le comte de la Marche n'entreprit-il pas de troubler la paix publique?

R. Oui; ce vassal se joignit à Henri III, roi d'Angleterre, contre son souverain. Louis battit les Anglais à la journée de Taillebourg, sur la Charente, et fit à Saintes des prodiges inouïs de valeur. Le comte de la Marche vint se jeter à ses pieds, et le saint roi voulut bien lui accorder sa grâce.

D. Pourquoi saint Louis porta-t-il ses armes en Palestine ?

R. Une maladie violente l'ayant conduit aux portes du tombeau, il fit vœu de s'employer à la délivrance des chrétiens d'Orient, s'il recouvrait la santé. Il se vit bientôt en état de faire les préparatifs du voyage, et fit voile vers l'Egypte. Louis repoussa d'abord une armée innombrable de Sarrasins, et se rendit maître de la forte place de Damiette; mais l'imprudence du comte d'Artois, son frère, fit évanouir les succès que d'aussi beaux commencements donnaient lieu d'espérer.

D. Qu'arriva-t-il ensuite ?

R. La peste et la famine ayant désolé presque toute son armée, Louis tomba entre les mains de ses ennemis. Il se montra aussi grand dans les fers que sur le trône; les infidèles conçurent pour lui un si grand respect, qu'ils délibérèrent entre eux s'ils ne lui offriraient pas le trône d'Egypte, vacant alors par la mort du soudan. Ils l'eussent certainement choisi pour leur roi, s'ils n'avaient pas craint qu'il n'entreprît d'établir la religion chrétienne sur les ruines du mahométisme.

D. Comment saint Louis recouvra-t-il la liberté ?

R. Il rendit Damiette pour sa rançon, et donna 400,000 francs pour celle des autres prisonniers, ne voulant pas que sa personne fût mise à prix d'argent.

D. A quoi s'appliqua-t-il à son retour ?

R. A maintenir la paix dans son royaume et à y faire régner la justice.

D. Quels sont les établissements dont la France est redevable à saint Louis ?

R. La France lui doit l'établissement d'une bibliothèque publique; il contribua beaucoup à l'établissement de la Sorbonne, fonda l'hôpital et l'église des Quinze-Vingts, en faveur de trois cents gentilshommes aveugles, et fit bâtir la Sainte-Chapelle.

D. Que fit-il encore de remarquable ?

R. Les progrès des mahométans alarmant toute l'Europe, Louis, après avoir pourvu à la sûreté de son royaume et fait alliance avec le roi de Tunis, dirigea sa route vers cette contrée ; mais, trompé par la mauvaise foi de ce dernier, il prit Carthage et mit le siège devant Tunis. Cependant les chaleurs excessives et les mauvaises eaux remplirent le camp de fièvres malignes, et le roi en fut lui-même atteint.

D. Comment mourut Louis IX ?

R. Sentant sa fin approcher, il fit appeler Philippe, son fils, et lui donna des avis dictés par la sagesse et la piété. Ensuite il se fit coucher sur la cendre, où il expira en la cinquante-cinquième année de son âge, en prononçant ces paroles du Psalmiste : *Seigneur, j'entrerai dans votre maison, je vous adorerai dans votre saint temple.*

D. Quelle idée doit-on avoir de ce prince ?

R. Un auteur anglais l'a nommé le roi des rois : l'Église l'a mis au rang des *Saints*, et l'histoire au rang des plus grands monarques et des plus sages législateurs.

D. Combien saint Louis eut-il d'enfants ?

R. Il eut de Marguerite de Provence, son épouse, cinq filles et six garçons. Robert, le plus jeune, épousa Béatrix de Bourbon. De ce mariage est issue la branche de Bourbon, qui est montée sur le trône trois cents ans après, en la personne de Henri IV.

PHILIPPE III, *dit* LE HARDI,

XIIIe siècle.
1270.

Quarante-cinquième roi de France, régna 15 ans.

———

A tous mes ennemis j'ai donné plus d'alarmes
Par ma propre valeur encor que par mes armes.

D. Quand Philippe III commença-t-il à régner ?
R. Les croisés, aussitôt après la mort de saint Louis, le proclamèrent son successeur. Il continua encore quelque temps la guerre en Afrique, puis il revint en France et se fit sacrer à Reims.

D. Que s'est-il passé de remarquable sous le règne de Philippe III ?
R. La révolution qui enleva le royaume de Sicile au comte d'Anjou, frère de saint Louis. On vit alors la journée déplorable des *Vêpres siciliennes*.

D. Qu'entend-on par Vêpres siciliennes ?
R. On appela ainsi le massacre affreux que les Siciliens firent le lundi de Pâques, au son de la cloche de Vêpres, de tous les Français qui étaient venus s'établir dans la Sicile. On prétend que plus de 8,000 Français furent les victimes de cet affreux complot, à la tête duquel était Pierre, roi d'Aragon, qui s'empara de ce pays.

D. Que fit le roi de France à la nouvelle de ce massacre ?
R. Philippe marcha en personne contre le perfide Aragonais, tailla ses troupes en pièces et prit Girone ; mais il fut attaqué d'une fièvre maligne et mourut à Perpignan dans la quarante et unième

année de son âge. Il laissa deux fils, Philippe et Charles.

D. Quel était le caractère de Philippe III ?

R. Philippe avait hérité de son père la valeur, la bonté, la justice, la piété la plus sincère et la plus affectueuse : s'il avait joint à ces qualités plus de pénétration et de connaissance des hommes, il eût sans doute été peu inférieur à saint Louis.

PHILIPPE IV, *dit* LE BEL,

Quarante-sixième roi de France, régna 29 ans.

XIIIe siècle.
1285.

Digne époux d'une épouse illustre et magnanime,
Le ciel peut-il former de nœud plus légitime ?

D. Quel âge avait Philippe IV lorsqu'il succéda à son père ?

R. Il n'avait que dix-sept ans ; mais son ambition, sa politique et sa fermeté étaient au-dessus de son âge. Il épousa la fille et l'héritière du roi de Navarre, et par là devint maître de ce royaume.

D. Donnez-nous une idée des exploits militaires de Philippe le Bel.

R. Philippe gagna la bataille de Furnes contre les Flamands : 16,000 hommes restèrent sur la place, et la Flandre tomba au pouvoir du monarque ; mais bientôt les Flamands se révoltèrent, et la journée de Courtrai leur fut très-avantageuse : 4,000 paires d'éperons dorés, dépouille d'autant de gentilshommes, ornèrent leur triomphe.

D. Comment Philippe fit-il oublier cette défaite ?

R. Il marcha en personne contre les rebelles, et gagna sur eux la célèbre bataille de Mons, où plus de 20,000 Flamands furent taillés en pièces.

D. Philippe le Bel n'eut-il point de démêlés avec le Pape ?

R. Oui ; Boniface VIII l'excommunia à cause d'une taxe qu'il avait imposée au clergé. Philippe, pour s'en venger, fit arrêter le Pape dans la ville d'Anagni, où il s'était retiré, et lui fit essuyer les traitements les plus ignominieux. Le Pape mourut bientôt après. On vit alors renaître la concorde entre le roi et les papes Benoît XI et Clément V, qui annulèrent tout ce que le pape Boniface VIII avait fait contre le roi.

D. Philippe le Bel ne contribua-t-il pas à la destruction de l'ordre des Templiers ?

R. Oui ; les Templiers étaient des religieux militaires qui avaient été fondés à Jérusalem, l'an 1118, par des gentilshommes français, pour la défense des pèlerins de la Terre sainte, contre les insultes des infidèles. Ils rendirent d'abord de grands services ; mais, ayant ensuite dégénéré de leur ferveur primitive, et s'étant livrés à toutes sortes de désordres, ils furent supprimés au concile général de Lyon. On entendit une foule de témoins ; l'accord parfait que l'on trouva entre les accusations et les accusés, ne laissa aucun doute sur toutes les abominations dont tout l'ordre s'était rendu coupable. Les biens des Templiers, qui étaient considérables, passèrent aux chevaliers de Saint-Jean-de-Jérusalem, et, depuis, aux chevaliers de Malte.

D. De quel établissement la France est-elle

redevable à Jeanne de Navarre, femme de Philippe le Bel?

R. Cette princesse, aussi recommandable par ses talents que par ses autres belles qualités, fonda le célèbre *Collége de Navarre.* Philippe le Bel laissa trois fils qui régnèrent après lui.

LOUIS X, *dit* LE HUTIN,

Quarante-septième roi de France, régna 2 ans.

XIVe siècle
1314.

Jamais d'aucun péril ébranlé ou surpris,
L'obstacle à ses projets mettait toujours le prix.

D. Pourquoi Louis X est-il surnommé le *Hutin?*

R. C'est à cause de son humeur folâtre et guerrière.

D. Qu'a-t-il fait de remarquable?

R. L'événement le plus considérable de son règne fut l'injuste condamnation d'Enguerrand de Marigny, qui avait été ministre des finances sous Philippe le Bel. Ce seigneur fut pendu comme un vil scélérat. Louis reconnut bientôt son injustice, fit élever un monument à Marigny, et fit répandre dans Paris de grandes aumônes.

PHILIPPE V, *dit* LE LONG,

XIVᵉ siècle.
1316.

Quarante-huitième roi de France, régna 5 ans.

La France, sous ce roi digne de ses hommages,
Du règne le plus doux goûta les avantages.

D. Philippe parvint-il au trône sans éprouver de difficultés ?

R. Non ; car Louis X avait laissé un fils posthume qui ne régna que huit jours[1], et une fille de sa seconde épouse, que le duc de Bourgogne aurait voulu faire monter sur le trône ; mais les états généraux firent valoir la loi salique et nommèrent Philippe, frère de Louis le Hutin, qui par ses bienfaits apaisa les mécontents.

D. Qu'y eut-il de remarquable sous son règne ?

R. Les Juifs, accusés et convaincus d'avoir voulu empoisonner les puits et les fontaines, furent chassés du royaume. Philippe le Long fit plusieurs sages ordonnances ; il avait conçu de grands projets, que la mort l'empêcha de mettre à exécution. Charles, son frère, lui succéda, parce qu'il ne laissa point de postérité.

1. Sous le nom de Jean Iᵉʳ.

CHARLES IV, *dit* LE BEL,

Quarante-neuvième roi de France, régna 6 ans.

XIVe siècle.
1322.

—

Pour lui former les traits et de l'âme et du corps,
Le ciel à pleines mains prodigua ses trésors.

D. Que se passa-t-il d'intéressant sous le règne de Charles le Bel?
R. Ce règne n'est remarquable que par la recherche que l'on fit des financiers qui étaient venus d'Italie pour piller le royaume. Leurs biens furent confisqués et on les renvoya dans leur pays.
Charles le Bel porta sur le trône les mêmes vertus que son prédécesseur : prudence, piété, générosité ; et après un règne trop court pour le bonheur des Français, il mourut sans laisser d'enfant mâle. En sa personne finit la branche des Capétiens proprement dits : elle avait donné quatorze rois à la France.

MOEURS ET COUTUMES DES FRANÇAIS

SOUS LA

PREMIÈRE BRANCHE DES ROIS CAPÉTIENS.

D. Quelle est l'origine des surnoms?
R. Dans les premiers temps de la monarchie, les Français ne portaient que leur nom propre; sous les Carlovingiens, on y ajouta une épithète :

ainsi, Robert le Fort, Hugues Capet, etc.; mais sous les premiers rois de la troisième race, les surnoms devinrent à la mode. Le noble le tira de son fief, de sa seigneurie : de là les Villars, les Montmorency; le bourgeois le prit du lieu de sa naissance : de là le Picard, le Normand, etc.

D. Quel était l'habillement des Français à cette époque?

R. Il consistait en une robe traînante, dont le corps était fort étroit, les manches larges, et si longues qu'elles couvraient les mains.

D. Quelle était leur coiffure?

R. On ne connaissait point alors de chapeaux, le bonnet était la coiffure de tous les hommes, et par-dessus on portait une espèce de capuchon qui avait une queue pendante par derrière [1].

La coiffure des femmes n'était guère moins ridicule; elle formait une pyramide d'une hauteur excessive.

D. Quelle était la chaussure?

R. Sous Philippe le Bel, les souliers se terminaient en pointes, tantôt droites, tantôt recourbées; à ces chaussures succédèrent des pantoufles très-larges, puis les souliers à pointes reprirent le dessus.

D. Quels étaient alors les repas des Français?

R. Ils étaient très-frugals. On ne servait jamais au repas de nos rois plus de trois mets sur leur table. Ils ne buvaient d'autre vin que celui qu'ils recueillaient de leurs vignobles [2].

1. Les chapeaux ou calottes de fer dont on se servait quelquefois à l'époque des croisades, introduisirent, dans le quinzième siècle, l'usage des chapeaux de feutre ou de castor; mais les bourgeois conservèrent encore longtemps le chaperon.
2. Le souper était alors, comme chez les anciens, le principal repas.

D. Qu'appelait-on apanage?

R. Sous les deux premières races, les enfants des rois partageaient également la couronne; mais ces partages devenaient très-funestes à la monarchie. Dès le commencement de la troisième race, on ne donna qu'une province à chacun des frères de l'héritier du trône, ce qui fut nommé apanage. Philippe le Bel, sentant l'abus de la propriété, voulut que la concession de la province ne fût faite qu'avec la clause expresse de réversion à la couronne, au défaut d'héritier mâle.

D. A quel temps rapporte-t-on l'usage des armoiries?

R. Au temps de la première croisade. Les seigneurs qui se croisaient devaient être distingués de leurs vassaux. Chaque seigneur mit donc un emblème particulier sur sa bannière, sur son écu ou bouclier. Après les croisades, on conserva ces symboles comme des titres d'honneur. Les armoiries de nos rois étaient trois fleurs de lis.

D. A quelle époque remonte la chevalerie?

R. On en trouve quelques traces dès le temps de Charlemagne; mais elle ne devint florissante que sous le gouvernement féodal et au temps des croisades. Les chevaliers jouissaient de la plus haute considération; leurs femmes seules portaient le titre de dames, toutes les autres n'avaient que celui de demoiselles.

D. Quelles étaient les armes des chevaliers?

R. Les armes défensives étaient le casque, le bouclier, la cuirasse, les brassards, les gantelets, les cuissards. Les armes offensives étaient l'épée, le sabre, la lance, la hache et la masse [1].

---

1. C'était un bâton de quatre pieds, aux deux bouts duquel pendait un boulet de trois, quatre livres pesant, et quelquefois de dix ou de douze.

D. Qu'appelait-on connétable, maréchal, amiral ?

R. C'étaient des dignités militaires établies par nos rois.

1° Philippe Auguste donna à la dignité de connétable la prééminence sur toutes les autres dignités militaires. Cette dignité fut supprimée sous le règne de Louis XIII.

2° Il n'y eut d'abord qu'un maréchal; mais ensuite le nombre en fut illimité.

3° Le titre d'amiral fut créé par saint Louis, et affecté au commandement des armées navales.

D. Comment se faisaient les déclarations de guerre ?

R. La guerre se déclare aujourd'hui par des manifestes et le rappel des ambassadeurs. Alors on confiait cette fonction à des hérauts d'armes, dont la personne était sacrée. Ils portaient au nom de leur souverain un défi solennel, et cet acte authentique était le signal des hostilités.

D. Qu'appelait-on parlements?

R. On appelait parlements des corporations établies pour rendre la justice. Sous les deux premières races, le roi, ou en sa place le comte du palais, assisté des principaux seigneurs, terminait en dernier ressort tous les procès. A cette cour souveraine succédèrent les parlements, dont le plus ancien est celui de Paris. Avant Philippe le Bel, il suivait la cour; mais ce prince le rendit sédentaire à Paris.

D. Qu'entend-on par l'établissement des communes?

R. C'est le droit qu'on accorda aux villes et aux villages de se choisir des maires et des échevins pour les gouverner [1].

---

[1]. Louis le Gros accorda ce pouvoir aux villes, et Louis le Hutin l'étendit aux villages.

D. Quelles découvertes fit-on sous la première branche de la troisième race?

R. Ce fut en France, sous le règne de Hugues Capet, que parut la première horloge à balancier; presque en même temps, les chiffres arabes prirent, dans le calcul, la place des chiffres romains et préparèrent les progrès à l'arithmétique [1]. Quelques années après, Gui d'Arezzo inventa la musique à plusieurs parties, la gamme et les fameuses syllabes *ut, ré, mi*, etc. La boussole, aiguille aimantée qui tourne toujours vers le nord, est encore une invention du douzième siècle [2].

D. A quel temps rapporte-t-on l'architecture de nos cathédrales?

R. Aux douzième et treizième siècles environ. L'architecture gothique de nos cathédrales, monuments du génie et de la piété de nos pères, ne sera jamais effacée par l'élégance souvent mesquine de nos édifices modernes.

D. A quelle époque fait-on remonter l'usage des moulins?

R. Le moulin à eau était déjà connu du temps d'Auguste; mais l'art de faire exécuter des mouvements réguliers par le plus capricieux des éléments, le moulin à vent, ce chef-d'œuvre de mécanique, nous fut apporté d'Asie à la suite des croisades.

D. Ne vit-on pas à Paris, dès le douzième siècle, l'école la plus célèbre de l'Europe?

R. Oui; l'*Université de Paris*, fondée vers le milieu du douzième siècle, et devenue très-floris-

---

1. Les chiffres arabes furent introduits en France par Gerbert. L'horloge à balancier fut inventée par le même.
2. La fleur de lis qui, chez tous les peuples, sert à désigner le nord, atteste que cette heureuse découverte est encore due à la France.

sante en peu d'années, mérita de servir de modèle à toutes les autres.

D. Quelles sont les plus anciennes écoles de médecine ?

R. Ce sont celles de Paris et de Montpellier ; elles datent toutes deux de la fin du douzième siècle.

D. Les troubadours, ou pères de la poésie française, ne parurent-ils pas aussi vers ce temps-là ?

D. Ce fut sous le règne de Louis le Jeune que les troubadours se répandirent dans toutes les parties de la France. Ces aimables Provençaux furent bientôt connus à la cour ; les rois voulurent en avoir à leur suite, et tous les palais leur étaient ouverts.

DE L'HISTOIRE DE FRANCE.

DEUXIÈME BRANCHE,

DITE PREMIÈRE DES VALOIS,

De laquelle il y eut sept rois.

PHILIPPE DE VALOIS, *sixième du nom*,

Cinquantième roi de France, régna 22 ans.

XIVe siècle.
1328.

De ce fertile tronc une branche cassée,
Par une autre aussitôt se trouve remplacée.

D. Charles le Bel n'avait-il pas laissé d'enfants ?

R. La reine, son épouse, était enceinte lorsqu'il mourut. Quelques mois après, elle accoucha d'une fille. Edouard, roi d'Angleterre, réclama la couronne, comme fils d'Isabelle, sœur du dernier roi. Néanmoins, en vertu de la loi salique, les Etats la placèrent sur la tête de Philippe, plus éloigné d'un degré, mais parent du côté paternel. Depuis ce temps, les rois d'Angleterre ont pris le titre de rois de France.

D. Philippe n'eut-il pas de démêlés avec Edouard III ?

R. Oui ; Edouard ne souscrivit jamais sincèrement au jugement des pairs qui l'avaient exclu du trône de France. Il déclara la guerre à Philippe et se joignit aux Flamands, que ce monarque avait défaits. Edouard tailla en pièces l'armée française à la journée de Crécy ; 30,000 hommes et toute l'élite de la noblesse française restèrent sur le champ de bataille.

D. Quelle entreprise fit Edouard III, après la bataille de Crécy ?

R. Il avait besoin d'un port dans le royaume ; il tourna toutes ses forces contre Calais. Les assiégés se défendirent pendant près d'un an avec le plus grand courage ; mais la famine les força enfin de chercher à capituler. Edouard, irrité de leur longue résistance, ne consentit à leur faire grâce qu'autant qu'ils lui livreraient six des plus notables bourgeois pour en faire ce qu'il voudrait. Eustache de Saint-Pierre avec cinq autres se dévouèrent pour le salut de leurs concitoyens. Ils se présentèrent à Edouard, la corde au cou, nus en chemise, et lui remettent les clefs de la ville. Edouard se montre inflexible ; il allait faire exécuter la sentence de mort, lorsque la reine, son épouse, vint se jeter à ses genoux et obtint du roi la vie d'Eustache de Saint-Pierre et de ses généreux compagnons [1].

D. Quel fléau vint désoler la terre vers ce temps-là ?

R. Une contagion universelle et sans exemple parcourut toutes les parties du monde connu, laissant à peine dans quelques endroits la vingtième partie des habitants. Philippe mourut bientôt après, avec la réputation d'un prince brave, mais imprudent ; ami de la justice, mais réduit, par le désordre des finances, à écraser le peuple d'impôts [2].

---

1. Edouard fit sortir tous les habitants de la ville et la repeupla d'Anglais (1347). Cette place importante resta plus de deux cents ans sous la domination britannique.

2. On lui attribue l'établissement de la gabelle, ou impôt

D. N'est-ce pas à Philippe de Valois que Humbert donna le Dauphiné?

R. Oui, et ce fut à condition que le fils aîné des rois de France porterait le nom de *Dauphin*[1].

JEAN LE BON,

Cinquante et unième roi de France, régna 14 ans.

XIVe siècle.
1350.

Si le sort une fois a trahi mon grand cœur,
La gloire du vaincu fit rougir le vainqueur.

D. De qui Jean le Bon était-il fils?

R. De Philippe de Valois. Il avait plus de trente ans lorsqu'il monta sur le trône. Sa première opération fut de faire décapiter, sans aucune forme de justice, le comte d'Eu, connétable de France, sous prétexte de trahison.

D. Eut-il des guerres à soutenir?

R. Il eut surtout à combattre le roi de Navarre, son gendre[2], et Edouard III, roi d'Angleterre. Ses armes furent d'abord heureuses; il chasse Edouard et le force de quitter la France avec toute son armée; mais le prince de Galles revient avec 10,000 hommes seulement et s'avance vers Poitiers; Jean va à sa rencontre avec des forces considérables. C'était fait de l'armée en-

sur le sel; c'est pour cette raison qu'Edouard l'appelait plaisamment l'auteur de la *loi salique*.

1. Ce fut Charles V qui porta ce nom le premier.
2. Ce prince, justement surnommé le *Mauvais*, semblait être né pour devenir le fléau de sa patrie.

nemie; le fils d'Edouard fait les propositions les plus avantageuses; mais le monarque français s'opiniâtre à ne les point accepter et attaque les Anglais dans un poste presque inaccessible. Ceux-ci, désespérés, combattent si vigoureusement, qu'ils font le roi prisonnier.

D. Dans quel état fut la France après la bataille de Poitiers?

R. Elle fut à deux doigts de sa perte; la France se vit alors en proie aux factieux, qui se révoltèrent contre le Dauphin. Ils étaient soutenus par les intrigues du roi de Navarre et d'Edouard, qui avaient formé le projet de s'emparer du royaume.

D. Que devint le roi Jean, prisonnier en Angleterre?

R. Il fit une paix honteuse, par laquelle les Anglais devinrent maîtres d'un tiers de la France. N'ayant pas de quoi payer trois millions d'or qu'on exigeait pour sa rançon, il voulut retourner dans sa prison. Ce fut alors qu'il prononça ces paroles mémorables: *Quand la bonne foi serait bannie du reste de la terre, elle devrait toujours se trouver dans le cœur et dans la bouche des rois.*

D. Quel était le caractère de ce prince?

R. Jean était un preux et loyal chevalier; mais, dépourvu de prudence et de discernement, il fit le malheur d'un peuple pour le bonheur duquel il eût volontiers sacrifié sa couronne et sa vie.

CHARLES V, *dit* LE SAGE ET L'ÉLOQUENT,

Cinquante-deuxième roi de France, régna 16 ans.

XIVe siècle
1364.

En bravant les éclats d'un dangereux orage,
De tous mes ennemis j'ai confondu la rage.

D. Quel âge avait Charles V, lorsqu'il monta sur le trône?
R. Il avait vingt-six ans. Sa sagesse répara tous les maux du dernier règne et lui mérita le surnom de *Sage*. Il fut, sans doute, redevable de celui d'*Eloquent* à ses talents dans l'art de persuader. Une santé faible l'empêcha de se montrer à la tête de ses armées; mais il connaissait les hommes et savait les employer et les récompenser dignement.
D. A qui Charles fut-il redevable de ses succès dans les guerres qu'il eut à soutenir?
R. Au célèbre Duguesclin, chevalier breton, le modèle des héros du siècle. Ce digne connétable enleva aux Anglais toutes les provinces que le malheur des temps avait obligé de leur céder. Il ne fut pas moins redoutable aux Espagnols, auxquels il prit plusieurs villes. Duguesclin mourut en héros chrétien; il se disposa par la réception des sacrements à paraître devant Dieu. Ce grand homme fut regretté de toute la France, et fut inhumé à Saint-Denis avec beaucoup de pompe.
D. Quand mourut Charles V?
R. Il ne survécut que peu de mois au conné-

table. Sa mort couvrit de deuil toute la France. Il l'avait en effet retirée de l'état le plus désolant, et élevée à un haut point de gloire et de prospérité [1]. Ce qui relève surtout les éminentes qualités de Charles, ce fut la pureté de ses mœurs, jointe à une piété solide et constante. Il aima tendrement son peuple et en fut aimé de même. Un jour qu'un de ses amis lui parlait avec attendrissement du bonheur de son règne : *Savez-vous*, lui dit-il, *pourquoi je suis heureux? c'est parce que j'ai le pouvoir de faire du bien.*

D. Quelle ordonnance importante ce prince rendit-il?

R. Il fixa la majorité des rois à quatorze ans. Ce fut sous son règne que la Bastille fut construite. Il laissa deux fils, Charles qui lui succéda, et Louis, qui fut duc d'Orléans.

CHARLES VI, *dit* LE BIEN-AIMÉ,

XIVe siècle.
1380.

Cinquante-troisième roi de France, régna 42 ans.

Si de ce roi, pour tous, la bonté se signale,
Paris, pour toi toujours elle fut sans égale.

D. Quels furent les commencements du règne de Charles VI?

R. Après la mort de Charles V, tout fut en

---

1. Charles avait trouvé les coffres vides, et il les laissa pleins; il avait trouvé le tiers du royaume au pouvoir des Anglais, et, à sa mort, il ne lui restait à conquérir que Bordeaux, Cherbourg et Calais. La marine, qui avait été négligée depuis saint Louis, redevint florissante, et la France eut

proie aux cabales et aux rapines. Le jeune roi n'avait que douze ans; les ducs d'Anjou, de Berri, de Bourgogne, ses oncles, devinrent les oppresseurs de la nation.

D. Le roi tarda-t-il à donner des preuves de son courage?

R. Il avait à peine quinze ans lorsqu'il marcha contre les Flamands, qui s'étaient révoltés contre leur comte. Aidé du vaillant Olivier de Clisson [1], il en défit 40,000 à la bataille de Rosbecq. Charles parvint peu après à se débarrasser de la tutelle de ses oncles; et, malgré leurs ruses, il aurait pu régner avec gloire, mais un triste accident plongea la France dans les plus grands malheurs.

D. Quel fut cet accident?

R. Le roi marchait contre le duc de Bretagne, dont il avait à se plaindre [2], lorsque, voulant faire la revue de son armée, on voit paraître tout à coup un homme de fort mauvaise mine, qui saisit les rênes de son cheval, et bégaye quelques mots d'une voix terrible. Ceci, joint à d'autres fâcheux accidents, altéra le cerveau de Charles, qui resta depuis dans un état de démence habituelle [3].

D. Qu'arriva-t-il pendant la folie du roi?

R. Le duc d'Orléans, frère du roi, et le duc de

sous son règne une flotte formidable sur l'Océan. Ce prince favorisa aussi les sciences : il fonda à lui seul plus de vingt colléges dans Paris.

1. C'était l'élève de Duguesclin, l'héritier de ses talents militaires, aussi bien que de son titre de connétable.

2. Il avait donné retraite à l'assassin du connétable de Clisson.

3. Le peuple aimait tant Charles VI que, nonobstant sa folie, il voulut le reconnaître roi jusqu'à sa mort. Ce qui lui fit donner le surnom de *Bien-Aimé*. On inventa les *cartes* pour amuser le roi pendant sa maladie.

Bourgogne, son oncle, se disputèrent la régence et couvrirent la France des plaies les plus profondes. Henri V, roi d'Angleterre, le plus dangereux ennemi qu'ait jamais eu l'Etat, ne manqua pas de profiter de nos divisions; et, avec des forces bien inférieures aux nôtres, il gagna la célèbre bataille d'Azincourt, qui couvrit de deuil toute la France [1].

D. Comment finit la querelle entre les deux princes qui prétendaient à la régence?

R. Le duc d'Orléans fut assassiné par des hommes vendus au duc de Bourgogne, et celui-ci fut à son tour poignardé à Montereau.

D. Quelle conduite tint la reine Isabelle de Bavière à l'égard du Dauphin, son fils?

R. Cette princesse, dont les mœurs étaient fort équivoques, obligea Charles VI, son mari, à le déshériter, et à déclarer le roi d'Angleterre son successeur; ce dernier épousa la fille de Charles, pour mieux s'assurer la couronne; mais il mourut bientôt après.

CHARLES VII, *dit* LE VICTORIEUX,

XVe siècle.
1224.

Cinquante-quatrième roi de France, régna 39 ans.

Une vierge, dont Dieu favorisait le bras,
Fut l'appui de mon trône et sauva mes États.

D. Dans quel état était la France lorsque Charles VII monta sur le trône?

R. Charles n'avait proprement que le titre de

[1]. Les mêmes fautes qu'on avait commises à Crécy et à Poitiers se renouvelèrent et produisirent le même désastre.

roi. Les trois quarts du royaume étaient au pouvoir de ses ennemis. Pour le reconquérir, il avait à combattre les forces de l'Angleterre et celles du duc de Bourgogne.

D. Comment se conduisit Charles VII dans ces circonstances difficiles ?

R. Les Anglais et le duc de Bourgogne se brouillèrent, Charles en profite pour se lier avec le duc de Bretagne. Il donne l'épée de connétable au fameux comte de Richemont. Celui-ci et le comte de Dunois deviennent les premiers soutiens de l'Etat.

D. Quel fut le principal instrument dont Dieu se servit pour le salut de la France ?

R. Le roi, obligé de soutenir le siége d'Orléans, et réduit aux dernières extrémités, pensait à une retraite honteuse, lorsque paraît une jeune paysanne nommée Jeanne d'Arc. Elle se dit inspirée, promet de faire lever le siége et de conduire elle-même le roi à Reims.

D. Cette fille étonnante effectua-t-elle sa promesse ?

R. La *Pucelle d'Orléans* (c'est le nom qu'on donne à cette héroïne) est regardée généralement comme un ange tutélaire. Elle se présente armée de pied en cap, une bannière bénite à la main. Sa confiance, sa valeur, sa vertu transportent les troupes. Cette fille merveilleuse, habilement dirigée par Dunois, pénètre dans la ville assiégée, répand la terreur parmi les Anglais et les force à décamper après un siége de sept mois.

D. Que se passa-t-il ensuite ?

R. La Pucelle proposa de conduire le roi à Reims pour y être sacré. L'entreprise paraissait impossible ; l'armée française, composée de 12,000 hommes, manquait d'argent et de provisions; il fallait parcourir un espace de quatre-vingts lieues dans un pays dont les Anglais étaient maîtres. Cependant, sous les auspices de l'héroïne française, tous les obstacles s'aplanirent; il ne fut pas même besoin de tirer l'épée.

D. Que fit la Pucelle après le sacre du roi?

R. Elle se jeta à ses pieds, et, après l'avoir félicité de la protection miraculeuse que Dieu avait accordée à ses entreprises, elle ajouta que, les deux objets pour lesquels le ciel l'avait envoyée se trouvant remplis, elle le suppliait de lui permettre de retourner chez ses parents et d'y reprendre son premier état. Le roi, touché de sa générosité, ne put consentir à sa retraite. Elle continua d'être la terreur des ennemis; mais, ayant été blessée dans une sortie, au siége de Compiègne, elle tomba entre les mains des Bourguignons qui la livrèrent aux Anglais.

D. Que devint alors la Pucelle?

R. Le duc de Bedfort, oncle du roi d'Angleterre, fit conduire sa captive à Rouen, donna ordre d'instruire son procès, et, par un acte de cruauté, de vengeance et d'injustice atroce, elle fut condamnée comme sorcière à être brûlée vive, en 1431. Mais la ville de Rouen étant rentrée, quelques années après, sous la domination française, on s'occupa de la révision de ce procès monstrueux, et, en conséquence des informations les plus exactes, le saint-siége déclara Jeanne d'Arc innocente des crimes qu'on lui avait imputés.

D. Charles VII poursuivit-il le cours de ses succès?

R. Charles étant parvenu à se réconcilier avec le duc de Bourgogne, les Anglais furent obligés d'abandonner Paris. Il profita de quelques années de trêve pour travailler à réparer les pertes du royaume et lui faire recouvrer son ancienne vigueur. Ensuite il reprit la Normandie et la Guyenne, en sorte qu'il ne resta à l'Angleterre que la ville de Calais.

D. Comment mourut Charles VII?

R. Il mourut du chagrin que lui avait causé son fils, génie dangereux et mauvais cœur.

LOUIS XI,

Cinquante-cinquième roi de France, régna 22 ans.

XVe siècle.
1461.

Ce roi dissimulé, politique, prudent,
Sut rendre le premier le trône indépendant.

D. A quel âge Louis XI parvint-il au trône?

R. Il était dans sa quarantième année. Il s'était déjà assez fait connaître quand il n'était que dauphin : fourbe, hypocrite, dissimulé, superstitieux, cruel; on ne devait s'attendre qu'à un gouvernement dur, bizarre et despotique.

D. Sa conduite odieuse ne donna-t-elle point lieu à une révolte?

R. Oui; la plupart des princes, des grands seigneurs, que Louis avait maltraités, firent une ligue fameuse, connue sous le nom de *ligue du Bien public*. Louis eut recours à ses armes ordinaires; il accorda tout aux principaux chefs, bien résolu de ne tenir aucune à ses promesses.

D. Ne vit-on pas tomber sous son règne les têtes les plus illustres?

R. Oui; le connétable de Saint-Pol, son beau-frère, le comte d'Armagnac et le duc d'Alençon, furent d'illustres victimes de la justice sévère de Louis XI. Le duc de Nemours fut enfermé dans une cage de fer et exécuté ensuite aux halles de Paris.

D. Charles le Téméraire, duc de Bourgogne, ne fut-il pas contraire à Louis?

R. Oui; il fut de tous les grands vassaux de la couronne celui que Louis redouta le plus. Sa mort donna lieu au roi de ressaisir le duché de Bourgogne; il aurait voulu s'emparer aussi de la Flandre; mais Marie, fille unique de Charles le Téméraire, la porta en dot, avec presque tous les Pays-Bas, à Maximilien, duc d'Autriche.

D. Quels établissements a formés Louis XI?

R. On lui doit l'établissement des postes, celui de l'ordre de Saint-Michel, qui n'a pas peu contribué à faire tomber l'ancienne chevalerie.

CHARLES VIII, *dit* L'AFFABLE,

XVe siècle.
1483.

Cinquante-sixième roi de France, régna 15 ans.

> Presque sûr de périr, mon bras et mon courage,
> Entre mes ennemis, m'ouvrirent un passage.

D. Quel âge avait Charles VIII lorsqu'il parvint au trône?

D Charles n'avait que treize ans. Au défaut de l'âge se joignait celui de l'éducation; car Louis XI, craignant que ce prince ne lui causât les chagrins qu'il avait causés lui-même à son père, s'était fait une loi de le tenir dans l'ignorance et l'obscurité [1].

D. Quels furent les commencements de ce règne?

R. Ils furent très-orageux. Anne de France, dame de Beaujeu, sœur aînée de Charles, avait été nommée régente par le testament de Louis XI. Le duc d'Orléans (depuis Louis XII), qui prétendait au gouvernement, excita une guerre civile. Mais il perdit la bataille de Saint-Aubin, où il fut fait prisonnier. Les troubles cessèrent alors. Le mariage du roi avec Anne de Bretagne cimenta la paix, et ajouta une grande province à la couronne.

D. Charles ne fit-il pas quelque entreprise importante?

R. Il fit la conquête du royaume de Naples, sur lequel il avait des droits; mais, ayant négligé les mesures de sagesse et de prudence, il fut bientôt obligé de quitter l'Italie après avoir défait, à la journée de Fornoue, avec 7 à 8,000 hommes, une armée de 30,000 hommes.

R. Où mourut Charles VIII?

D. Il mourut à Amboise, d'une atteinte d'apoplexie, à l'âge de 27 ans. La France pleura en lui un prince doux, affable et courageux. Il ne laissa point de postérité. Avec Charles VIII finit la première branche des Valois.

D. Quel était, sous cette branche de nos rois, l'état des sciences et des arts en Europe?

R. Les sciences et les lettres étaient à leur pre-

[1]. Il lui avait appris pour toute science cette maxime qu'il pratiquait si bien lui-même : *Qui ne sait pas dissimuler ne sait pas régner.* Mais Charles eut le bonheur d'oublier cette mauvaise leçon, et toute sa conduite prouva qu'il ne ressemblait en rien à celui qui la lui avait donnée.

mière aurore. L'artillerie commença à être employée dans les siéges sous le règne de Charles V, bien que la poudre à canon eût été inventée au treizième siècle. Vers le milieu du quatorzième, on inventa en Italie la faïence [1], les glaces, les lunettes. Le quinzième siècle vit naître parmi nous les manufactures de papier [2]. On trouva en Allemagne l'art de l'imprimerie, vers l'an 1440. On découvrit aussi à Bruges le secret de la peinture à l'huile, et à Florence celui de la gravure en taille-douce, vers la fin du quinzième siècle.

D. Quels événements remarquables eurent lieu vers ce temps-là?

R. En 1453 les Mahométans prirent Constantinople, sous la conduite de Mahomet II [3]. Christophe Colomb eut la gloire de découvrir le nouveau monde en 1492, et les Portugais s'ouvrirent la route de l'Inde, par le cap de Bonne-Espérance [4].

1. Il n'y avait point eu jusqu'alors de milieu entre la vaisselle d'argent et la vaisselle de terre ou d'étain. C'était encore un grand luxe dans ce temps-là d'avoir des vitres, de porter du linge, d'user de chandelle, de se servir de cuillers et de fourchettes d'argent.
2. Auparavant on n'avait d'autre ressource que le parchemin et le papier d'Egypte, formé de membranes du *papyrus*.
3. Cet empire avait subsisté depuis l'an 330, époque à laquelle le grand Constantin avait transféré son siége à Constantinople.
4. Ces prodiges de navigation furent le fruit de la boussole.

TROISIÈME BRANCHE

DITE DE LA MAISON D'ORLÉANS,

De laquelle il n'y eut qu'un roi.

LOUIS XII,

surnommé LE PÈRE DU PEUPLE,

Cinquante-septième roi de France, régna 17 ans.

XVᵉ siecle.
1498.

La France, sous ce roi vertueux, juste, humain,
Vit un règne de père, et non de souverain.

D. Quels furent les premiers actes de souveraineté de Louis XII ?

R. Les premiers actes de son règne furent de diminuer les impôts et de pardonner à ses ennemis. Le duc de la Trémouille, qui l'avait fait prisonnier[1], craignait son ressentiment ; il fut rassuré par ces paroles à jamais mémorables : *Ce n'est point au roi de France à venger les injures du duc d'Orléans.*

D. Louis XII eut-il des guerres à soutenir ?

R. Oui ; et par sa grande économie, Louis les soutint sans fouler ses peuples[2]. Il s'empara d'a-

---

1. A la bataille de Saint-Aubin.
2. Il répétait souvent, pour justifier son économie : *J'aime mieux voir les courtisans rire de mon avarice que de voir mon peuple pleurer de mes dépenses.*

bord du duché de Milan, sur lequel il avait des droits; mais il perdit bientôt cette conquête. Celle de Naples ne fut pas plus assurée; Ferdinand, roi d'Aragon, qui avait aidé à conquérir ce royaume, s'en rendit maître bientôt après.

D. Quelles batailles gagna Louis XII?

R. Il en gagna deux considérables : la bataille d'Agnadel contre les Vénitiens, et celle de Ravenne contre le roi d'Aragon et ses alliés.

D. Quel fut le ministre dont Louis XII se servit pour faire le bonheur de son peuple?

R. Ce fut le cardinal d'Amboise, intime ami de son roi et le principal instrument de tous ses travaux.

D. Où mourut Louis XII?

R. Il mourut à Paris, l'an 1515; sa mort fut un deuil général, et la France en fut inconsolable. On peut regarder Louis XII comme un des meilleurs princes qui aient jamais porté la couronne[1]. Il ne laissa que deux filles qu'il eut d'Anne de Bretagne, veuve de son prédécesseur[2].

---

1. Le goût des plaisirs, l'ambition, la jalousie, firent place à une grande pureté de mœurs, à la justice, à la religion, dès que ce prince fut monté sur le trône.

2. Louis XII fut marié d'abord à Jeanne, fille de Louis XI, qui fut depuis canonisée. Il le fut en troisièmes noces à Marie, sœur de Henri VIII, roi d'Angleterre.

QUATRIÈME BRANCHE

DITE LA DEUXIÈME DES VALOIS

De laquelle il y eut cinq rois.

FRANÇOIS Ier,

surnommé LE PÈRE DES LETTRES.

Cinquante-huitième roi de France, régna 32 ans.

XVIe siècle.
1515.

Quand, au grand Charles-Quint, seul j'osai résister,
J'ai, même en succombant, su me faire admirer.

D. Quel fut le successeur de Louis XII ?
R. Ce fut François, comte d'Angoulême, premier prince du sang, issu de Charles le Sage, par la branche cadette d'Orléans. Son esprit, ses talents, son courage, le rendaient digne du trône : heureux si, à ces brillantes qualités, il eût su joindre l'économie, l'application et la prudence.
D. François Ier eut-il des guerres à soutenir ?
R. Il fut sous les armes presque toute sa vie. Il voulut d'abord poursuivre ses droits sur le Milanais, et passa les Alpes. Les Suisses vinrent l'attaquer dans les plaines de Marignan. Le combat dura deux jours. François fit des prodiges de valeur, et passa une partie de la nuit sur l'affût d'un canon, à cinquante pas d'un régiment suisse.

L'ennemi fut complétement défait, et Milan subit bientôt les lois du vainqueur. Ce fut dans cette circonstance que François se fit armer chevalier par le célèbre Bayard, surnommé *sans peur et sans reproche*.

D. Contre qui François eut-il surtout à lutter?

R. Ce fut contre Charles-Quint, roi d'Espagne et empereur. François ne fut pas heureux dans les démêlés qu'il eut avec ce fameux rival [1]. Il perdit le Milanais et fut fait prisonnier à la bataille de Pavie. Il manda lui-même cette défaite à la régente sa mère : *Tout est perdu*, écrivit-il, *hormis l'honneur*.

D. Comment le roi revint-il en France?

R. Il céda à Charles-Quint la souveraineté des comtés de Flandre. Il eut depuis quelques avantages sur les Impériaux [2].

D. A quel âge mourut François Ier?

R. Il mourut âgé de cinquante-deux ans. Henri, qu'il avait eu de Claude, fille aînée de Louis XII, lui succéda.

1. Maximilien d'Autriche avait laissé le trône impérial vacant par sa mort; François s'était mis sur les rangs pour le remplir; mais il se vit supplanter par Charles-Quint, qui obtint une voix de plus parmi les électeurs. Telle fut l'origine de l'animosité qui divisa ces deux souverains. Il était difficile à François Ier de combattre avec avantage un prince qui, à l'application, la politique, la ruse, réunissait la possession d'une grande partie de l'Europe et de tous les trésors de l'Amérique.

2. L'empereur, voulant se rendre maître de la France, prit sa route vers la Provence. Le connétable de Montmorency ne voulut point hasarder une bataille; mais, par des mesures sages, il fit évacuer la Provence : tout y fut enlevé ou détruit; et la belle armée de Charles-Quint fut bientôt ruinée par la disette et par les maladies. Six ans après, le duc d'Enghien (oncle de Henri IV) remporta une victoire mémorable à Cérisoles. La paix se fit enfin à Crépy.

D. D'où vient que François Ier est appelé le restaurateur et le père des lettres ?

R. C'est parce qu'il protégea et encouragea les gens de lettres ; il ouvrit même en France un asile aux savants étrangers, fonda le Collége royal et enrichit le Bibliothèque royale d'une infinité de manuscrits précieux.

D. Les erreurs du luthéranisme et du calvinisme ne datent-elles pas de cette époque ?

R. Oui ; ce fut vers ce temps que furent jetées ces fatales semences, qui produisirent ensuite les fruits les plus funestes à la religion et à la société[1].

HENRI II,

Cinquante-neuvième roi de France, régna 12 ans.

XVIe siècle.
1547.

Par de sévères lois, l'autorité suprême
Fit, dans la bouche impie, expirer le blasphème.

D. Quels furent les événements militaires de ce règne ?

R. Henri força d'abord les Anglais à lui rendre Boulogne. Il tourna ensuite ses armes contre Charles-Quint, fondit sur la Lorraine et s'empara

---

1. Martin Luther, moine fanatique de Saxe, jaloux de ce que le pape avait accordé à un autre ordre la publication de certaines indulgences, voulut s'ériger en réformateur. Il prêcha et écrivit contre le purgatoire, la confession, l'abstinence, la primauté du pape, les vœux monastiques, et alla d'erreurs en erreurs. Jean Calvin, natif de Noyon, prêcha, vingt ans après (1536), une doctrine encore plus incompatible avec la foi et les usages de l'Eglise ; il osa

8.

rapidement de Metz, Toul et Verdun. L'empereur vint assiéger Metz avec une armée considérable ; mais le duc de Guise l'obligea à lever le siége, après lui avoir moissonné plus de 30,000 hommes. Charles-Quint, pour s'en venger, détruisit Thérouanne de fond en comble.

D. Que vit-on de remarquable en l'année 1555 ?

R. Charles-Quint, dégoûté du monde et des affaires, céda la couronne et le gouvernement de ses États à son fils Philippe II, et se retira dans un monastère où il finit ses jours.

D. Henri fut-il aussi heureux contre Philippe II que contre Charles-Quint ?

R. Non ; il perdit contre lui et contre les Anglais les batailles de Saint-Quentin et de Gravelines. La journée de Saint-Quentin ouvrit pour ainsi dire le royaume jusqu'à Paris. Dans cette circonstance critique, le duc de Guise, déclaré lieutenant général du royaume, donna le change aux ennemis, et parut devant Calais où on ne l'attendait pas. Il poussa ses attaques avec tant de vigueur et de succès, qu'en moins de huit jours la ville fut emportée, et les Anglais chassés du continent.

D. Comment mourut Henri II ?

R. Il mourut d'une blessure que lui fit dans un tournoi le comte de Montgomery [1]. Il laissa de Ca-

---

nier la présence réelle de Jésus-Christ dans l'Eucharistie ; il supprima le culte extérieur, l'invocation des saints, etc. Il s'établit à Genève, dont il fit le centre de sa secte. Les prétendus réformés reçurent le nom de protestants, huguenots, etc.

1. Ce dernier tournoi eut lieu à l'occasion des mariages conclus pour cimenter la paix. Henri II excellait dans ces jeux meurtriers.

therine de Médicis quatre fils, dont les trois premiers parvinrent successivement au trône.

FRANÇOIS II,

Soixantième roi de France, régna 18 mois.

XVIe siècle. 1559.

Mon règne vit germer ces guerres intestines
Qui couvrirent l'État de sang et de ruines.

D. A quel âge François II monta-t-il sur le trône ?
R. Il n'était âgé que de seize ans. Il avait épousé Marie Stuart, reine d'Écosse et nièce du duc de Guise, qui fut placé avec le cardinal de Lorraine, son frère, à la tête du gouvernement. Antoine de Bourbon, roi de Navarre, et le prince de Condé, en conçurent de la jalousie. Telle fut l'origine des troubles et des guerres civiles qui désolèrent bientôt le royaume et dont la religion fut le prétexte.
D. Quel parti prirent les calvinistes ?
R. Ils formèrent le projet de massacrer les Guise et d'enlever le roi pour couvrir de son autorité leurs entreprises audacieuses ; mais leurs manœuvres furent connues et déjouées. Le prince de Condé, qui était l'âme de la conspiration, fut reconnu coupable et condamné à mort. Il allait périr sur un échafaud, lorsque la mort de François II changea la face des affaires et sauva le prince.

CHARLES IX,

XVIᵉ siècle.
1560.

Soixante et unième roi de France, régna 14 ans.

Des factieux puissants, dans ces temps malheureux,
Ont commis, sous mon nom, mille forfaits affreux.

D. Quel fut le successeur de François II?

R. Ce fut Charles IX, son frère, âgé de dix ans. Catherine de Médicis, sa mère, se fit déclarer régente; Antoine de Bourbon, roi de Navarre, fut nommé lieutenant général du royaume; le prince de Condé sortit de prison, et Marie Stuart fut renvoyée en Écosse.

D. Dans quel état fut la France pendant le règne de Charles IX?

R. Elle fut un théâtre continuel d'horreurs et de guerres civiles. Les huguenots surprirent Orléans et huit autres principales villes [1], et y commirent d'horribles profanations. Le duc de Guise et le connétable de Montmorency se mirent en campagne à la tête de l'armée royale, et commencèrent leurs opérations par le siége de Rouen; ensuite eurent lieu les journées de Dreux [2], de

---

1. Tours, Poitiers, Angers, la Rochelle, Rouen, Bourges, Lyon, Grenoble et un grand nombre d'autres villes moins considérables.
2. Ce fut après la journée de Dreux, et lorsqu'il était près de réduire la ville d'Orléans, que le duc de Guise fut assassiné par Poltrot, à qui il pardonna son crime (ce pardon ne fut point ratifié à la cour). Déjà il avait fait paraître la noblesse de ses sentiments lorsqu'un autre assassin avait manqué son coup au siége de Rouen. Ce héros lui demanda avec douceur s'il lui avait donné quelque sujet de le haïr et d'attenter à sa vie. Le coupable avoua qu'il n'avait consulté,

Jarnac et de Moncontour [1], où les catholiques eurent toujours l'avantage.

D. Que fit Catherine de Médicis, voyant que l'audace des huguenots n'en était pas pour cela réprimée?

R. Elle conseilla à son fils d'ordonner qu'on fît main basse sur tous ceux de la secte [2]. Ce massacre, que tout catholique impartial condamne, ne produisit aucun bon effet.

D. Que devint Charles IX après le massacre de la Saint-Barthélemy?

R. Il fut toujours malade et mourut au milieu des troubles, sans laisser d'enfant mâle.

D. Quelle singularité offre le règne de Charles IX?

R. C'est sous ce règne cruel que nos plus sages lois ont pris naissance. Elles furent l'ouvrage du zèle et de la sagesse de l'immortel chancelier de *L'Hôpital.*

---

dans cette entreprise, que l'intérêt de sa religion. *Hé bien*, reprit le duc, *si ta religion t'apprend à m'assassiner, la mienne m'oblige à te pardonner; va, je te rends la liberté.*

1. On fut redevable du succès de ces deux dernières journées au duc d'Anjou, qui fut depuis Henri III.

2. Ce massacre eut lieu la nuit suivante, veille de la Saint-Barthélemy, d'où il a pris son nom.

HENRI III,

Soixante-deuxième roi de France, régna 15 ans.

XVIe siècle.
1574.

---

*Le trône que je quitte est moins doux à mes yeux
Que l'espoir de régner où régnaient mes aïeux.*

D. Qui succéda à Charles IX ?
R. Ce fut Henri III, son frère, auparavant duc d'Anjou. Il occupait depuis trois mois le trône de Pologne. Ayant appris la mort de Charles IX, il abandonna secrètement les Polonais pour venir régner en France. Mais Henri ne fut plus alors ce prince vaillant qu'on avait tant admiré : devenu roi, il se livra à l'inaction et à la mollesse, ce qui donna lieu au jeune duc de Guise d'ourdir une trame favorable à son ambition, sous prétexte de soutenir le catholicisme.

D. Qu'arriva-t-il alors ?
R. Le roi ayant accordé les plus grands avantages aux sectaires, il se forma une ligue pour le détrôner et mettre à sa place le duc de Guise.

D. Que fit le roi lorsque le duc de Guise se fut rendu maître de Paris ?
R. Le roi se retira à Blois, où les états généraux étaient assemblés. Ne pouvant observer les formes ordinaires de la justice pour punir le duc de Guise, à cause de sa puissance et de son crédit, il le fit assassiner avec le cardinal de Guise.

D. Quelles furent les suites de ce coup hardi ?
R. La faction des Seize [1], à cette nouvelle, ne

---

[1]. Il s'était formé dans Paris une faction particulière ap-

respecte plus rien ; tout Paris est en feu. Dans cette crise effrayante, le monarque français se réconcilie avec le roi de Navarre. Les deux rois assiégent Paris et campent à Saint-Cloud. Henri III y est assassiné par Jacques Clément, dominicain. La branche des Valois finit avec lui.

MOEURS ET COUTUMES DES FRANÇAIS,

ÉTAT DES SCIENCES, ETC., SOUS LES VALOIS.

D. Quelles étaient les habitations de nos ancêtres avant le milieu du XVIe siècle ?

R. Elles n'avaient ni agréments, ni commodités. Le jour n'y pénétrait que par des ouvertures fort étroites, garnies de volets et de petits carreaux de canevas ou de papier huilé [1].

D. Quels en étaient les ameublements ?

R. La simplicité des meubles répondait à celle des bâtiments. Les siéges ordinaires des chambres, sans en excepter celle du roi, étaient des escabelles, des bancs et des formes ; la reine seule avait des chaises de cuir doré et de franges de soie.

D. Par qui les grandes villes étaient-elles peuplées ?

R. Elles n'étaient guère peuplées que de marchands et d'artisans : les nobles se tenaient comme

---

pelée *des Seize,* parce qu'elle était formée des seize quartiers de la ville.

1. Les vitrages, obscurcis de peinture, étaient un ornement réservé pour les hôtels des seigneurs et les palais des rois.

cantonnés dans leurs châteaux ; et s'il leur arrivait d'aller passer quelques jours à la ville, ils affectaient d'y paraître toujours bottés, de peur qu'on ne les prît pour des *vilains.*

D. Qui fit usage en France du premier carrosse ?

R. Ce fut Catherine de Médicis, encore ce ne fut qu'un siècle plus tard qu'on imagina d'y ajuster des glaces. Henri IV n'avait qu'un coche, et quand sa femme s'en servait, il restait à la maison [1].

D. Quand commença-t-on à donner aux gentilshommes le nom de *monsieur* ?

R. Ce fut sous Louis XIII. Avant cette époque on les distinguait seulement par leurs noms et leurs surnoms.

D. Sous quel prince eut lieu la vénalité des charges ?

R. Ce fut sous François Ier. Ce prince, réduit à manquer d'argent à cause des guerres continuelles qu'il eut à soutenir, eut recours à la vénalité des charges et des offices de la magistrature, qui, depuis cette époque, cessèrent d'être la récompense du savoir et de la vertu.

D. Que fit encore François Ier par rapport aux évêchés, etc. ?

R. Ce prince ne fut pas plutôt parvenu au trône, qu'il conclut avec le pape Léon X un concordat qui transférait au souverain le droit exclusif de nomination aux évêchés et aux autres grands bénéfices.

1. Avant cette époque, les gentilhommes les plus qualifiés menaient leurs femmes en croupe à la campagne ; c'était ainsi que voyageaient les princesses mêmes, couvertes d'une cape de toile cirée dans les saisons pluvieuses.

D. Qu'entend-on par la réforme du calendrier?

R. Les anciens avaient cru l'année [1] plus longue de onze minutes qu'elle n'est effectivement ; cette erreur, légère en apparence, était néanmoins, par la succession des temps, devenue si considérable, qu'en 1582 l'équinoxe du printemps se trouva tomber au 11 mars. Le pape Grégoire XIII supprima dix jours, et l'on prit des mesures pour éviter pareil inconvénient à l'avenir. Cette sage réforme fut adoptée par tous les Etats catholiques, puis par les autres États [2]. De là les termes de *vieux* et de *nouveau style.*

D. Quels étaient les revenus de l'Etat?

R. Avant François Ier, les revenus de l'Etat ne s'élevaient guère au delà de 1,500,000 francs. François Ier les fit monter à 8 millions ; Charles IX à 12. Henri II est le premier de nos rois qui ait fait graver son portrait sur toutes les monnaies.

D. Quel était l'état du commerce en France?

R. Les salines furent pendant longtemps presque l'unique ressource ; les autres branches de commerce étaient abandonnées à l'avidité des étrangers [3]. Nos manufactures, longtemps réduites à un état d'enfance, firent quelques progrès sous Charles le Sage [4]. Louis XI fit venir de Grèce et d'Italie un grand nombre d'ouvriers pour fa-

1. Jusqu'au règne de Charles IX, l'année commençait à Pâques, et suivait les variations de cette fête. Ce prince en fixa le commencement au premier jour de janvier.
2. Excepté la Russie qui, maintenant, compte douze jours de moins que nous.
3. Les Juifs, les Espagnols, les Italiens et les Flamands.
4. Les plus renommées étaient celles de Rouen, d'Amiens et de Reims. Il n'en sortait cependant que des draps grossiers, mais solides, dont la vanité nationale ne pouvait s'accommoder.

briquer des étoffes de soie, d'or et d'argent. Ce fut là l'origine des fameuses manufactures de Lyon.

D. Qu'y a-t-il à remarquer sur le commerce maritime ?

R. Le chemin que les Portugais s'ouvrirent jusqu'aux Indes orientales, vers la fin du quinzième siècle, fit décliner le commerce de Venise et de Gênes [1]. La découverte du nouveau monde acheva de changer le système du commerce. Depuis cette époque, toutes les nations de l'Europe se formèrent à l'envi des établissements dans les contrées nouvellement connues [2]. La France seule, placée entre les deux mers, ne sut pas profiter des facilités qu'elles offraient à son commerce extérieur, et le feu des guerres civiles acheva d'anéantir sa marine.

D. A quelle époque la langue française commença-t-elle à prendre une forme régulière ?

R. Ce fut sous François Ier. Sous ce prince, les hommes instruits se multiplièrent : Vatable, Amyot, les Etienne et plusieurs autres préparèrent, par leurs travaux, les merveilles du siècle suivant.

Jusqu'à François Ier, la rédaction des actes pu-

---

1. Avant le seizième siècle, les Vénitiens et les Génois faisaient seuls le commerce maritime. Toutes les richesses des Indes et de l'Orient, le coton, la soie, l'ivoire, l'or, les perles, les pierreries, les épiceries, leur arrivaient par la mer Rouge jusqu'au Nil, d'où elles descendaient à Alexandrie, centre du commerce de l'univers.

2. L'Angleterre, qui avait pendant longtemps, comme nous, abandonné le commerce à l'avidité des étrangers, créa alors une marine; et l'avantage de sa situation, jointe à son industrie, lui fit prendre peu à peu sur toutes les mers une supériorité qu'elle a conservée jusqu'à nos jours.

blics s'était faite en latin ; ce prince ordonna qu'ils fussent désormais rédigés en français. Ce fut aussi lui qui régla que les curés tiendraient des registres exacts de baptême, de mariage et de mort.

D. Les beaux-arts ne firent-ils pas aussi des progrès sous François Ier ?

R. Oui ; l'architecture déploya alors sa magnificence. Le château de Fontainebleau fut en France le premier édifice d'un grand roi. Le vieux Louvre offrait l'image d'une prison : il le rebâtit sur un nouveau plan, et Catherine de Médicis, non moins magnifique que François, commença le palais des Tuileries.

CINQUIÈME BRANCHE

DITE DES BOURBONS,

Sept rois depuis Henri IV, en 1589, jusqu'à la fin du règne de Louis XVIII.

HENRI IV, *dit* LE GRAND,

XVIe siècle.
1589.

Soixante-troisième roi de France, régna 21 ans.

Après de longs malheurs je régnai sur la France,
Et par droit de conquête et par droit de naissance.

D. Henri IV avait-il des droits à la couronne de France ?

R. Oui ; parce qu'il était le premier prince du sang ; mais le calvinisme, dont il faisait profession, empêchait la plus grande partie de la France de le reconnaître. Le duc de Mayenne, chef des ligueurs, fit proclamer roi le vieux cardinal de Bourbon. Henri fut obligé de recourir aux armes pour conquérir son royaume.

D. Quels furent les premiers exploits de ce vaillant monarque ?

R. Il fut d'abord victorieux contre les efforts de la ligue, à la journée d'Arques. Il battit de nouveau Mayenne[1] à Ivry, quoique avec des forces

---

1. Après la mort du duc et du cardinal de Guise, le duc de Mayenne, leur frère, s'était mis à la tête des ligueurs.

bien inférieures aux siennes, et dirigea ses troupes sur Paris, dont il aurait pu se rendre maître; mais il aima mieux lever le siége que d'affamer le peuple.

D. Quand la conversion du roi eut-elle lieu?

R. Malgré le tumulte des armes, Henri se faisait instruire en secret depuis longtemps. Enfin, les ministres protestants lui ayant avoué qu'il était possible de faire son salut dans l'Eglise romaine, il en conclut qu'il était plus sûr de vivre et de mourir dans une religion où, de l'aveu des deux partis, on pouvait se sauver, que de rester dans une secte à laquelle tout le monde chrétien refusait cette prérogative. Ce fut en 1593 qu'il fit son abjuration solennelle à Saint-Denis.

D. Les Parisiens tardèrent-ils ensuite à lui ouvrir leurs portes?

R. Non; les royalistes, devenus enfin les plus forts, envoyèrent au souverain les clefs de la capitale. Henri pardonna à tous ceux qui avaient combattu contre lui; et, vainqueur de ses sujets, il voulut en être le père.

D. Restait-il encore au roi des ennemis à combattre?

R. Oui; surtout le duc de Mayenne, toujours soutenu par le roi d'Espagne, lequel se rendit enfin. Les Espagnols prirent Amiens par ruse; mais Henri reprit cette ville bientôt après, et le traité de Vervins remit la France en paix avec les ennemis du dehors.

D. Quels étaient donc encore ceux du dedans?

R. Les protestants. Après bien des contestations et des menaces, ils obtinrent l'édit de Nantes qui leur accordait l'exercice public de leur religion dans plusieurs villes, la faculté de posséder toutes sortes de charges et emplois, des places de sûreté et des pensions pour leurs ministres.

D. Que fit ensuite le roi?

R. Il ne songea plus qu'à bien gouverner ses sujets. La France recueillit au sein de la paix les fruits d'une sage administration. La justice, l'économie, les arts, le commerce, l'agriculture, réparèrent les anciens malheurs.

D. Quel fut le ministre qui concourut avec Henri à la gloire et au bonheur de la France?

R. Ce fut Sully, grand guerrier, politique excellent, ministre immortel, doué de la plus belle âme et du génie le plus rare.

D. Que fit-on de remarquable sous Henri IV?

R. Il fit construire le Pont-Neuf, la célèbre galerie du Louvre, et commença le fameux canal de Briare, pour joindre la Seine à la Loire.

D. Comment mourut Henri IV?

R. Il fut assassiné par un scélérat nommé Ravaillac, qui lui donna deux coups de couteau dont le roi mourut aussitôt[1]. Il eut de Marie de Médicis, son épouse, cinq enfants : Louis XIII, Jean-Gaston, duc d'Orléans, Elisabeth, Christine et Henriette-Marie[2].

Henri IV unissait à une extrême franchise la plus adroite politique; aux sentiments les plus nobles, une simplicité de mœurs charmante; à un courage de soldat, un fonds de bonté iné-

---

1. Henri IV passait en voiture dans la rue de la Ferronnerie. Un embarras de charrettes favorisa l'horrible attentat de Ravaillac.

2. Ces trois princesses furent mariées : la première à Philippe IV, roi d'Espagne; la seconde à Victor-Amédée, duc de Savoie; la troisième à l'infortuné Charles Ier, roi d'Angleterre.

puisable [1]. Mais de si rares qualités furent obscurcies par sa grande passion pour le jeu et pour les femmes. Il paraît néanmoins que les dernières années de sa vie furent plus exemptes de reproches.

LOUIS XIII, *dit* LE JUSTE,

Soixante-quatrième roi de France, régna 33 ans.

XVIIe siècle.
1610.

France, et vous, saints autels, dont je soutiens l'éclat,
De tous vos ennemis je purgeai mon État.

D. A quel âge ce prince monta-t-il sur le trône ?

R. Il n'avait que neuf ans. Le parlement déféra la régence et la tutelle à Marie de Médicis, sa mère. Cette princesse abandonna les sages projets de son époux; les anciens ministres furent congédiés, et tout le pouvoir passa au maréchal d'Ancre, Italien de naissance comme la reine.

D. Cette trop grande influence ne donna-t-elle point lieu à une révolte?

R. Oui; le prince de Condé et plusieurs seigneurs se soulevèrent, et se mirent à la tête des

---

1. Sa trop grande ambition était de rendre tous ses sujets heureux; et leur faire tort, c'était le percer jusqu'au fond de l'âme : quelques maisons de paysans avaient été pillées par des soldats; Henri le sut, il manda aussitôt les capitaines qui étaient à Paris, et leur dit d'un ton sévère : « Partez en diligence, mettez-y ordre; vous m'en répondrez. Quoi! si on ruine mon peuple, qui me nourrira? Qui soutiendra les charges publiques? Qui payera vos pensions? S'en prendre à mon peuple, c'est s'en prendre à moi. »

calvinistes, toujours prêts à se révolter ; mais le jeune roi, à qui l'on avait dévoilé les coupables desseins du maréchal, donna ordre de l'arrêter. Il fut mis à mort par Vitry, capitaine des gardes, et son épouse, non moins coupable que lui, périt sur un échafaud.

D. Quelle princesse épousa Louis XIII lorsqu'il fut sorti de minorité?

R. Il épousa Anne d'Autriche, infante d'Espagne.

D. Quel fut le ministre le plus distingué de Louis XIII?

R. Ce fut le cardinal de Richelieu, doué d'une âme mâle et vigoureuse. Ses entreprises portaient l'empreinte de son génie vaste et nerveux.

D. Richelieu rendit-il de grands services à Louis?

R. Oui ; il apprit aux grands seigneurs à respecter l'autorité du roi, réprima les entreprises audacieuses des calvinistes, et porta le dernier coup à leur parti par la prise de la Rochelle, boulevard de l'hérésie [1]. Il protégea les arts et les sciences, et établit l'Académie française [2].

D. Richelieu n'eut-il point d'ennemis personnels?

R. Tous les grands seigneurs, Gaston d'Orléans, frère du roi, les deux reines, avaient résolu de perdre le cardinal. Il fut plusieurs fois sur le point d'être sacrifié ; mais il sut toujours, malgré ses

---

1. Le cardinal commandait lui-même les travaux du siége avec la valeur et l'habileté d'un grand général. Les Rochelais ayant appelé les Anglais à leur secours, Richelieu fit fermer le passage aux vaisseaux par une digue qu'il fit élever en mer ; ouvrage qui rappelle celui d'Alexandre devant Tyr.

2. En 1635.

ennemis, captiver la confiance de son maître. Les actes de rigueur qu'il employa le vengèrent, et ses adversaires tremblèrent à leur tour [1].

D. Le ministre n'avait-il pas aussi conçu le projet d'humilier la maison d'Autriche?

R. Oui; et il y parvint en partie, en enlevant le Roussillon et la Catalogne à l'Espagne. Richelieu mourut bientôt, et Louis XIII le suivit de près au tombeau, en la quarante-deuxième année de son âge.

D. Quelles étaient les qualités de Louis XIII?

R. Ce prince était sobre, chaste, pieux, juste, ennemi du faste, plein de zèle pour l'honneur de la religion et de l'État. Fils et père de deux de nos plus grands rois, il affermit le trône encore ébranlé de Henri IV, et prépara les merveilles du règne de Louis XIV.

D. Combien eut-il d'enfants?

R. Son épouse, après vingt ans de stérilité, eut deux fils [2]: Louis XIV, qui lui succéda, et Philippe de France, duc d'Orléans.

D. Quels sont les grands morceaux d'architecture du temps de Louis XIII?

R. Ce sont le Luxembourg [3], le Val-de-Grâce, le Palais-Royal [4] et la Sorbonne.

1. La reine mère elle-même fut d'abord exilée à Blois, et fut ensuite obligée de se retirer à Cologne, où elle mourut.
2. Ce fut après que Louis XIII eut consacré à la sainte Vierge sa personne, sa famille et son royaume par un vœu solennel. C'est là l'origine des processions que l'on fait par toute la France le jour de l'Assomption.
3. Ce palais magnifique fut construit par Marie de Médicis.
4. C'est Richelieu qui bâtit le Palais-Royal; il en fit depuis don à Louis XIII.

LOUIS XIV, *dit* LE GRAND,

XVIIᵉ siècle.
1643.

Soixante-cinquième roi de France, régna 72 ans.

—

Ses armes, sa valeur, sa haute intelligence,
Aussi loin que sa gloire ont porté sa puissance.

D. Quel âge avait Louis XIV lorsqu'il ceignit le diadème ?

R. Il n'était âgé que de quatre ans et demi. Le parlement donna la régence à Anne d'Autriche, sa mère, qui nomma premier ministre le cardinal de Mazarin, Italien souple et habile.

D. Les Espagnols ne profitèrent-ils pas de la minorité de Louis XIV pour faire des conquêtes sur la France ?

R. Oui ; mais inutilement, car ils furent battus complétement à Rocroy, à Fribourg, à Nordlingen et dans les plaines de Lens, par le duc d'Enghien, connu depuis sous le nom de grand Condé.

D. Quelles suites eurent ces grands succès ?

R. Ils obligèrent la maison d'Autriche à conclure le fameux traité de Westphalie, qui fut signé à Munster. Par ce traité, l'Alsace, Metz, Toul et Verdun furent assurés à la France.

D. Quand le roi prit-il en main l'administration de son royaume ?

R. Ce fut le 27 septembre 1651, que Louis, ayant atteint l'âge de majorité[1], se rendit au parlement, où sa mère, régente du royaume, lui remit le pouvoir souverain.

1. Quatorze ans.

D. Quelle guerre intestine vit-on s'élever l'année suivante?

R. Cette guerre, connue sous le nom de la *Fronde*, fut excitée par le mécontentement qu'inspiraient le grand crédit de Mazarin, la rigueur des impôts et la dissipation des finances. Le ministre ayant fait arrêter deux conseillers des plus hardis à déclamer contre son autorité, tout le peuple se soulève, forme des barricades et se fait rendre les deux prisonniers. La régente fut forcée de quitter Paris avec le roi et Mazarin. Condé fit le siége de la ville, et les factieux furent obligés de se rendre. Ils avaient à leur tête le coadjuteur, depuis cardinal de Retz, génie intrigant et séditieux [1].

D. Que fit le roi après que le calme eut été rétabli dans son royaume?

R. Son premier soin fut d'aller se faire sacrer à Reims. Ensuite, aidé de ses généraux, il prit plusieurs villes sur les Espagnols, dont il était mécontent. Le vicomte de Turenne, qui était devenu leur fléau, couronna ses avantages par la victoire des Dunes et la prise de Dunkerque [2].

D. Quel parti prit alors l'Espagne?

R. Épuisée d'une guerre de vingt-cinq ans, elle fut réduite à demander la paix. Cette paix, dite des Pyrénées, ajouta aux possessions de la France le Roussillon, l'Artois, une partie de la Flandre, du Hainaut et du Luxembourg. Elle fut cimentée

1. Cette journée fut appelée la *journée des Barricades*. Ce qu'il y a de plus remarquable dans cette guerre, c'est le ridicule qui l'accompagnait; tout était matière à bons mots.
2. Cette ville fut prise en 1658, puis remise aux Anglais, suivant le traité fait avec eux. L'an 1662, Louis XIV jugea à propos de la retirer de leurs mains; Dunkerque fut vendue cinq millions à Sa Majesté.

par le mariage de Louis XIV avec Marie-Thérèse, fille aînée de Philippe IV, et par l'amnistie accordée au prince de Condé [1].

D. Que fit Louis XIV après la mort de Mazarin?

R. Louis, alors âgé de vingt-quatre ans, se montra vraiment roi. Dès ce moment, la France prit une face nouvelle. Les finances étaient dérangées; Colbert, digne ministre d'un grand prince, y remet l'ordre; il donne au commerce et aux arts une activité jusqu'alors inconnue parmi nous. Il établit toutes sortes de manufactures, et met notre marine sur un pied formidable. En même temps, la compagnie des Indes est fondée; on commence le canal du Languedoc; la capitale est embellie. Le roi pourvoit à la sûreté des habitants par une police admirable; les grands chemins, les ouvrages utiles changent la face des provinces.

D. Que voit-on encore s'élever dans Paris?

R. L'Académie des sciences et des arts, l'Académie des inscriptions sont instituées; l'Observatoire, l'Hôtel des invalides sont construits avec une magnificence royale.

D. A quelle occasion le roi porta-t-il ses armes en Flandre?

R. Philippe IV, roi d'Espagne, étant mort, Louis fit valoir, par la force des armes, les prétentions que son épouse avait sur le Brabant, la Flandre et la Franche-Comté. La campagne de Flandre fut terminée par la prise de Lille [2].

1. Condé, mécontent de la cour, avait pris le parti des Espagnols.
2. Ce fut en 1668. Bergues, Furnes, Armentières, Courtrai, Douai, Tournay, etc., avaient subi la loi du vainqueur. A peine délassé de ses fatigues, le roi va fondre sur la

D. Quel fut le motif de la guerre que Louis XIV fit à la Hollande?

R. Les Hollandais, que Louis avait toujours protégés, firent un traité avec les Anglais et les Suédois, sous le nom de *triple alliance*. Depuis ce temps ils ne cessèrent de donner au roi des sujets de chagrin. Louis fit des offres de paix à l'Espagne [1], puis il fondit sur la Hollande avec une rapidité prodigieuse. Les plus fortes villes se rendirent sans résistance, et il poussa ses conquêtes jusqu'aux portes d'Amsterdam.

D. Quelle fut alors la ressource des Hollandais?

R. Ils lâchèrent leurs écluses et percèrent leurs digues. Le prince d'Orange, nommé stathouder, ranima leur courage et appela à leur secours l'Espagne, l'Autriche, la plupart des princes de l'empire et le Danemark, qui formèrent une nouvelle coalition contre la France.

D. Quelles furent les suites de cette ligue formidable?

R. Cette ligue donna lieu à plusieurs campagnes, où Louis fut presque toujours victorieux [2]. Condé tint tête au prince d'Orange dans les Pays-Bas, et Turenne au célèbre Montécuculli en Alle-

---

Franche-Comté, au cœur de l'hiver. La province est conquise en trois semaines.

1. Louis XIV fit alors un traité à Aix-la-Chapelle, par lequel il rendit la Franche-Comté; mais, les Espagnols ayant ensuite repris les armes, il soumit de nouveau cette belle province pour jamais, en 1674.

2. Le seul échec qu'éprouvèrent alors les armes de Louis XIV eut lieu au siège de Trèves, lorsque le maréchal de Créqui eut la hardiesse de marcher au secours de cette ville contre une armée double de la sienne. Toutes les autres entreprises de ce grand général furent couronnées du succès.

magne [1]. Les maréchaux de Luxembourg et de Créqui, qui commandaient sous le roi, prirent Maestricht, Valenciennes, etc. En même temps Saint-Omer se rendait [2], et Monsieur, frère du roi, gagnait sur le prince d'Orange la bataille du Mont-Cassel. Gand, Cambrai, Ypres et bien d'autres places furent enlevées avec la même rapidité.

D. Le pavillon français était-il aussi favorisé sur mer ?

R. Duquesne battit deux fois le célèbre amiral Ruyter; le comte d'Estrées eut aussi quelques avantages sur les Hollandais et les Espagnols.

D. Quel fut le fruit de toutes ces victoires?

R. Les alliés, effrayés, demandèrent enfin la paix; elle fut signée à Munster, aux conditions qu'il plut au vainqueur de leur imposer. Louis reçut alors le surnom de *Grand*, et les nations les plus jalouses de la France reconnurent qu'il en était digne.

D. Quel châtiment reçut Alger à cause de ses pirateries en 1683 ?

R. L'amiral Duquesne réduisit cette ville en cendres, et la contraignit de rendre tous les chrétiens qu'elle retenait dans l'esclavage. Gênes, qui

---

1. Ces deux rivaux, après avoir excité l'admiration de l'Europe par des marches et des campements plus glorieux que des victoires, étaient sur le point d'en venir à une action décisive, lorsque Turenne fut tué d'un coup de canon, en examinant la place d'une batterie. Louis XIV le pleura, et se crut obligé de renouveler en faveur de cet illustre guerrier ce que Charles V avait fait autrefois pour Duguesclin; il ordonna que son corps serait transporté à Saint-Denis et placé dans le tombeau des rois. Depuis que ce héros avait abjuré les erreurs de la religion protestante, dans laquelle il était né, il avait toujours rempli les devoirs de la religion avec une exactitude édifiante.

2. En 1677.

avait osé braver la France, fut bombardée à son tour.

D. Quelles mesures prit Louis XIV contre les protestants en 1685 ?

R. Voyant que, malgré les nombreux privilèges qu'on leur avait accordés, ils n'avaient cessé d'entretenir un esprit de révolte et de conspirer contre le trône et contre l'autel, le roi, d'après l'avis de son conseil, se détermina à leur enlever l'exercice public de leur religion, par la révocation du fameux *édit de Nantes* [1]. Il fit abattre tous leurs temples et construire de nouvelles églises. Plusieurs revinrent à la foi de leurs pères, et beaucoup d'autres sortirent du royaume.

D. Qu'arriva-t-il encore de particulier en cette même année?

R. Le roi de Siam, touché des grandes qualités de Louis XIV, lui envoya ses ambassadeurs qui lui firent de sa part des présents magnifiques. Bientôt après, Louis tomba malade; on vit alors combien son peuple lui était attaché : les églises ne désemplissaient point.

D. La trêve de vingt ans, conclue en 1684, fut-elle religieusement observée ?

R. Les ennemis de la France faisaient sous main plusieurs ligues; ils se flattaient d'autant plus de vaincre Louis XIV, que Turenne, Condé et Créqui n'étaient plus; mais Luxembourg, Catinat et plusieurs autres surent à leur tour faire trembler toute l'Europe. Après dix années de combats ou plutôt de victoires [2], la paix fut signée

---

1. On comptait plus de deux cents lois portées contre les infractions des protestants à l'édit de Henri IV, lorsque Louis XIV se crut obligé d'employer contre eux son autorité.

2. Les plus célèbres d'entre ces batailles sont : celle de

à Riswick. Le roi de France, qui dictait tous les articles du traité, y abandonna presque toutes ses conquêtes.

D. Pourquoi vit-on la guerre se renouveler en 1700 ?

R. Charles II, roi d'Espagne, se voyant sur le point de mourir sans enfants, laissa, par un testament authentique, tous ses états à Philippe, duc d'Anjou, second fils du Dauphin [1]. Les autres puissances, jalouses de voir un Bourbon sur le trône d'Espagne, tentèrent d'ôter par violence à Philippe V une succession que la justice et le consentement unanime de tous les Espagnols lui avaient confirmée.

D. Cette dernière guerre fut-elle aussi avantageuse à la France que les précédentes ?

R. Non; il semblait que la victoire eût abandonné pour toujours nos drapeaux, tant nous éprouvâmes de revers. La bataille d'Hochstett, en Allemagne [2], et celle de Ramillies dans les Pays-

---

Fleurus, gagnée par le maréchal de Luxembourg, en 1690; celle de *Steinkerque*, fameuse d'un côté par l'artifice dont usa Guillaume III, roi d'Angleterre, et de l'autre par la valeur dudit général, en 1692; et celle de *Nervinde*, par le même (Luxembourg était de la maison de Montmorency et élève du grand Condé). Les batailles de *Staffarde* et de la *Marsaille*, gagnées en Italie par le maréchal de Catinat. Outre plusieurs avantages remportés sur mer par le maréchal de Tourville, par Jean Bart (natif de Dunkerque), et par M. de Pontis, qui prit Carthagène; quantité de villes furent prises par le roi lui-même, par le Dauphin, par divers généraux. Depuis l'avénement de Louis XIV à la couronne, jusqu'en 1697, on en compte trois cent cinquante.

1. Il était héritier du trône d'Espagne par son aïeule, Marie-Thérèse, femme de Louis XIV et sœur du dernier roi d'Espagne.

2. Les maréchaux de Villars et de Tallart avaient d'abord été victorieux en Allemagne.

Bas¹, mirent le royaume à deux doigts de sa perte. Le cruel hiver de 1709, qui fut suivi de la famine, combla les calamités de la France. Louis, touché de la misère du peuple, demanda la paix avec instance; mais il n'obtint que des réponses fort dures². Enfin le maréchal de Villars sauva le royaume à la bataille de Denain, qu'il gagna contre le prince Eugène³, général des armées de l'empereur, en 1712.

D. Louis XIV n'avait-il pas dans le même temps bien d'autres sujets d'affliction ?

R. Jamais prince n'éprouva tant de douleurs domestiques sur la fin de sa carrière. La mort lui enleva en moins de dix ans le Dauphin, son fils unique⁴, et tous ses petits-enfants, à l'exception d'un seul qui lui succéda. Louis reçut ces différents coups avec une grande résignation. Depuis longtemps une piété solide avait remplacé en lui l'esprit de galanterie, qui avait terni une partie de

1. Cette bataille, perdue en 1706, fut une déroute honteuse pour les Français; ils étaient commandés par le maréchal de Villeroi.
2. Philippe V n'en conserva pas moins son trône. Voyant la France épuisée, il se borna à demander à son aïeul le duc de Vendôme, petit-fils de Henri IV, et l'un des meilleurs capitaines de son temps. A peine le duc fut-il arrivé, qu'il alla avec Philippe chercher l'armée des alliés; ils la battirent complétement à Villa-Viciosa. Cette victoire rétablit heureusement ses affaires en 1710.
3. Marlborough, chef de l'armée anglaise, avait combattu avec le prince Eugène dans les batailles de Ramillies et d'Hochstett. Il ne se trouva pas à celle-ci, parce que la reine Anne l'avait disgracié.
4. Il avait cinquante ans et mourut en 1711. A peine les larmes du roi étaient-elles essuyées, que le duc de Bourgogne, digne élève de Fénelon, nouveau Dauphin, la Dauphine son épouse, et leur fils furent portés à Saint-Denis au même tombeau. Le duc de Berri, frère du duc de Bourgogne, le suivit deux ans après.

sa vie, bien qu'il eût toujours conservé un respect sincère pour la religion [1].

D. Quelle idée doit-on avoir de Louis XIV ?

R. Louis XIV était grand, magnifique, libéral, amateur zélé du bon ordre et de la justice [2]. Sous lui, Rome et Athènes semblèrent être passées en France. Il sut récompenser les talents et créa de grands hommes dans tous les genres et des chefs-d'œuvre de toute espèce.

D. Quand Louis XIV finit-il sa glorieuse et brillante carrière ?

R. Le 1er septembre 1715. Sa mort fut celle du héros chrétien. Louis, adorant les décrets de la Providence, donna aux princes de sa maison les leçons les plus touchantes sur le néant des grandeurs humaines. Peu de temps avant de rendre le dernier soupir, il se fit apporter le Dauphin, son arrière-petit-fils, et le tenant entre ses bras, il lui adressa ces paroles mémorables : « Mon enfant, « vous allez être bientôt roi d'un grand royaume. « Ce que je vous recommande fortement, c'est de « n'oublier jamais les obligations que vous avez à « Dieu. Souvenez-vous que vous lui devez tout « ce que vous êtes. Tâchez de conserver la paix « avec vos voisins. J'ai trop aimé la guerre ; ne « m'imitez pas en cela, non plus que dans les trop « grandes dépenses que j'ai faites. Prenez conseil « en toutes choses, et cherchez à connaître le meil- « leur, pour le suivre toujours. Soulagez vos

---

1. Madame de Maintenon, qu'il épousa secrètement en 1685 (il avait perdu la reine en 1683), contribua beaucoup à sa conversion. Cette dame célèbre, par son esprit et encore plus par sa piété, eut aussi beaucoup de part à la fondation de Saint-Cyr.

2. Il veilla sur l'observation des lois et en fit même pour abréger les procédures, pour bannir la chicane des tribunaux, pour punir les blasphèmes, pour abolir les duels.

« peuples, le plus tôt que vous pourrez, et faites
« ce que j'ai eu le malheur de ne pouvoir faire
« moi-même. » Il était âgé de 77 ans et en avait
régné 72.

LOUIS XV, *dit* LE BIEN-AIMÉ,

Soixante-sixième roi de France, régna 59 ans.

XVIIIe siècle.
1715.

De sa grande douceur tout le monde charmé
Lui donna de concert le nom de Bien-Aimé.

D. De qui Louis XV était-il fils ?
R. Il était fils du duc de Bourgogne et arrière-petit-fils de Louis le Grand. Il n'avait que cinq ans lorsqu'il monta sur le trône. Madame la duchesse de Ventadour fut sa gouvernante, comme elle l'avait été de tous les enfants de France. Parvenu à l'âge de sept ans, il eut pour gouverneur le maréchal de Villeroi et pour précepteur le cardinal de Fleury.

D. A qui la régence fut-elle confiée ?
R. Louis XIV avait nommé par son testament un conseil de régence ; mais le duc d'Orléans se fit déclarer régent par le parlement.

D. Le régent vint-il à bout de rétablir les finances ?
R. Non ; le régent, trop ami des plaisirs et des nouveautés [1], bien loin de rétablir les finances,

---

1. Le régent avait d'ailleurs des qualités et des talents supérieurs ; mais le goût des opinions hardies et des plaisirs le perdit. Le Palais-Royal, qu'il habitait, devint un foyer de débauche et d'impiété, d'où le mépris de la morale et de la

les ruina totalement, en se laissant entraîner aux persuasions d'un Ecossais fugitif, nommé Jean Law.

D. En quoi consistait le système de cet aventurier ?

R. Il consistait à établir une compagnie pour payer les dettes de l'Etat en billets. La compagnie devait tout rembourser sur les profits qu'on supposait qu'elle ferait dans le Mississipi, le Sénégal et les Indes. Le succès répondit d'abord aux espérances. On changeait à l'envi l'argent en papier. Mais les billets furent augmentés sans fin et décriés. Une banqueroute termina ces grands projets, et Law fut obligé de s'enfuir, en 1720, emportant la malédiction de tout le royaume.

D. Quand le roi fut-il sacré ?

R. Ce fut le 25 octobre 1722. Au mois de février suivant, il fut déclaré majeur. Le duc d'Orléans, qui depuis la mort du cardinal Dubois s'était chargé du soin des affaires et de l'administration du royaume, mourut subitement la même année.

D. Qui succéda au duc d'Orléans dans le ministère ?

R. Le duc de Bourbon-Condé; mais il fut bientôt remplacé par le respectable cardinal de Fleury, homme doux et ami de la paix [1].

D. La France n'eut-elle point de guerres à

---

religion se répandit à la cour, et infecta peu à peu toutes les classes de la société.

1. Il avait été évêque de Fréjus et précepteur du prince. Il avait soixante-treize ans, lorsqu'il prit en main les rênes du gouvernement, en 1726; et jusqu'à sa mort, en 1743, il conserva toute son autorité, toute sa tête et réussit presque en tout. La France épuisée avait besoin d'un ministère sage et paisible. Elle répara bientôt ses pertes et s'enrichit à la faveur d'une longue paix.

soutenir pendant le ministère du cardinal de Fleury ?

R. Louis XV avait épousé, en 1725, Marie Leczinska, fille de Stanislas, roi de Pologne. Ce prince ayant perdu la couronne pour la seconde fois en 1733, le monarque français se crut obligé de venger l'affront fait à son beau-père; et, de concert avec les rois d'Espagne et de Sardaigne, il déclara la guerre à l'empereur Charles VI.

D. Quel fut le résultat de cette guerre?

R. En deux années, on réduisit l'empereur à l'extrémité [1]. Stanislas, en vertu du traité de paix, renonça à la Pologne en conservant le titre et les prérogatives de roi. On lui abandonna le duché de Bar et la Lorraine, pour être réunis après sa mort à la couronne de France.

D. La paix de Vienne fut-elle de longue durée ?

R. Non ; l'empereur Charles VI étant mort sans laisser d'enfant mâle, plusieurs princes de l'Europe prétendirent à la succession de la maison d'Autriche, contre l'archiduchesse Marie-Thérèse, fille aînée de l'empereur. La France, qui avait fait un traité particulier avec l'électeur de Bavière, lui envoya un secours considérable.

D. Que fit alors l'archiduchesse?

R. Pendant qu'on se préparait à la guerre de part et d'autre, elle se fit couronner reine de Hongrie. Cependant l'armée du roi de Prusse et

---

1. Le maréchal de Villars, âgé de quatre-vingt-deux ans, termina sa glorieuse carrière par la prise de Milan. Le maréchal de Coligny, son successeur, gagna les sanglantes batailles de *Parme* et de *Guastalla*. En Allemagne, le maréchal de Berwick contraignit le prince Eugène de lui abandonner la campagne ; mais un coup de canon l'enleva à la France, au siège de Philisbourg.

celle de l'électeur de Bavière eurent d'abord des succès très-rapides [1]. La diète, assemblée à Francfort, reconnut ce dernier pour empereur. On ne peut guère imaginer de situation plus déplorable qu'était celle de Marie-Thérèse; mais son grand courage et son génie la firent triompher de tous les obstacles, et, après la mort de Charles VII, elle vint à bout de faire couronner empereur son époux, François de Lorraine, en 1748.

D. Louis XV n'avait-il couru aucun danger en 1744?

R. Après la mort du cardinal de Fleury, le roi, résolu de gouverner par lui-même, se mit à la tête de ses armées [2]. Bientôt ses succès dans les Pays-Bas sont interrompus par la marche des Autrichiens sur l'Alsace. Il vole au secours des provinces menacées; mais il est arrêté à Metz par

---

1. Ils subjuguèrent la Silésie; une partie de l'Autriche et Prague furent emportées en une nuit. Marie-Thérèse, dans cette situation critique, réunit les Etats du royaume à Presbourg, et entra dans l'assemblée, tenant sur ses bras son fils aîné encore au berceau : *Abandonnée de mes amis,* leur dit-elle, *et persécutée par mes ennemis, je n'ai de ressource que dans votre courage et votre fidélité; je remets entre vos mains la fille et le fils de vos rois, c'est de vous seuls qu'ils attendent leur salut.* A ces mots, les Hongrois attendris tirèrent leurs sabres en s'écriant : « Mourons pour notre roi Marie-Thérèse. »

2. Les premiers succès n'avaient pas eu de suite; le roi de Prusse, ayant obtenu de Marie-Thérèse la part qu'il prétendait, fit sa paix et se retira; le roi de Sardaigne agit de même et joignit de plus ses troupes à celles de la reine, abandonnant ainsi le roi d'Espagne. Le nouvel empereur n'en avait plus, pour ainsi dire, que le vain titre; les Hollandais et les Anglais, qui d'abord étaient restés neutres, avaient pris le parti de l'Autriche; l'armée française, obligée de se soutenir seule, fit cependant une retraite glorieuse, sous la conduite des maréchaux de Broglie, de Belle-Isle et de Noailles.

une maladie dangereuse. La France tremble et gémit comme une famille qui va perdre le meilleur des pères. Il est rappelé à la santé et reçoit de son peuple, ivre de joie, le surnom de *Bien-Aimé.*

D. Quel avantage les Français remportèrent-ils en 1745 sur les troupes alliées ?

R. Ils gagnèrent la fameuse bataille de Fontenoy sur les Hollandais et les Anglais, commandés par le duc de Cumberland, frère du roi d'Angleterre. Le roi et le Dauphin montrèrent beaucoup de grandeur d'âme dans cette circonstance, et ne purent s'empêcher de déplorer les maux que la guerre cause à l'humanité. Aussi Louis XV, toujours victorieux en Flandre, ne cessa-t-il d'offrir la paix. Il fut réduit à la conquérir, comme son bisaïeul, à force de victoires [1]. Elle fut enfin signée à Aix-la-Chapelle, et le généreux monarque ne garda aucune de ses conquêtes.

D. La paix entre la France et l'Angleterre fut-elle de longue durée ?

R. Non; les Anglais, dans la guerre précédente, avaient montré combien leur marine était supérieure à la marine française, que le cardinal de Fleury avait trop négligée. Leur ambition les

---

1. Outre la victoire de Fontenoy, qui avait décidé du sort de Tournay, d'Ostende et de presque toute la Flandre autrichienne, Bruxelles fut prise au cœur de l'hiver par le maréchal de Saxe, qui avait déjà vaillamment dirigé, avec le roi, bien des attaques. Peu après, Anvers se rendit au roi lui-même, puis beaucoup d'autres places. Ces succès furent couronnés par la victoire de Raucoux, en 1746. L'année suivante devint fameuse par la journée de Lawfeld. Berg-op-Zoom, que l'on regardait comme imprenable, suivit de près cette dernière bataille. Enfin le maréchal de Saxe prit Maestricht; ce qui fit demander la paix à hauts cris par les Hollandais.

porta à profiter de cet avantage pour étendre leurs invasions en Amérique [1]. Les commencements de cette nouvelle guerre furent glorieux pour la France [2] ; mais la malheureuse bataille de Rosbach, gagnée par le roi de Prusse, allié de l'Angleterre, fut comme le prélude des pertes que nous fîmes dans les Indes, en Afrique et en Amérique.

D. Que fit-on pour arrêter ce prodigieux accroissement de la puissance des Anglais?

R. Toutes les branches souveraines de la maison de France s'unirent avec Louis XV pour empêcher les invasions des Anglais. Cette ligue fut conclue sous le nom de *pacte de famille*.

D. Quelle perte essuya la France par le traité de paix de 1763?

R. La plus importante fut celle du Canada ou nouvelle France [3]?

D. Quels établissements remarquables eurent lieu sous le règne de Louis XV?

R. Louis XV établit le collége royal de la Flèche pour 250 jeunes gens choisis, nommés et entretenus par le roi. Il fonda aussi l'Ecole militaire, pour l'éducation de 500 pauvres gentilshommes.

1. Ils commencèrent des hostilités dans le Canada, sans aucune déclaration de guerre, et enlevèrent à la France plusieurs vaisseaux marchands.
2. Port-Mahon fut emporté d'assaut par le maréchal de Richelieu, le maréchal d'Estrées gagna la bataille d'Hastenbeck, sur le duc de Cumberland; l'électorat de Hanovre fut conquis, et le roi de Prusse essuya de fréquentes défaites.
3. Outre le Canada, on fut contraint de céder toutes les terres sur la gauche du Mississipi, excepté la Nouvelle-Orléans. On abandonna le Sénégal, et l'Angleterre restitua la Gorée. Minorque fut échangée contre Belle-Isle. On fut obligé de démolir les fortifications du port de Dunkerque.

D. Que se passa-t-il dans les dernières années du règne de Louis XV ?

R. 1° En 1765, la France fit une perte irréparable par la mort du Dauphin, fils unique de Louis XV, prince aimable qui, à des talents rares, joignait les connaissances les plus étendues et les vertus les plus héroïques. Son auguste épouse le suivit au tombeau peu de temps après [1].

2° En 1767, la France eut un nouveau sujet de douleur par la perte de la reine Marie Leczinska, princesse très-estimable, qui fut généralement regrettée.

3° En 1770, madame Louise, fille de Louis XV, prit le voile chez les religieuses Carmélites, et prononça ses vœux l'année suivante.

Au mois de mai de la même année, s'était célébré le mariage de monseigneur le Dauphin, depuis Louis XVI, avec l'archiduchesse Marie-Antoinette d'Autriche, fille de l'impératrice Marie-Thérèse.

4° Le parlement fut cassé en 1771, et il fut remplacé par des cours supérieures.

5° En 1773, le pape Clément XIV (Ganganelli) donna la bulle de suppression de l'institut célèbre des Jésuites.

D. Quand mourut Louis XV ?

R. Il mourut de la petite vérole le 10 mai 1774, âgé de soixante-cinq ans.

Ce prince avait beaucoup de qualités; il était

---

1 Marie-Joseph de Saxe, fille de Frédéric-Auguste III, roi de Pologne. Cette princesse était le modèle des femmes chrétiennes. De ce mariage naquirent le duc de Bourgogne, qui mourut à l'âge de huit à neuf ans, le duc de Berri, le comte de Provence et le comte d'Artois; madame Clotilde qui fut reine de Sardaigne, canonisée depuis peu, et madame Élisabeth.

bon, juste et doué d'un sens droit. Il a donné des preuves de valeur dans quelques circonstances; mais on lui reproche avec raison de s'être adonné aux plaisirs, et d'avoir souvent oublié ce qu'il devait à la dignité royale.

LOUIS XVI,

XVIIIe siècle.
1774.

Soixante-septième roi de France, régna 19 ans.

Il montra d'un bon roi les vertus paternelles
Et mourut condamné par des sujets rebelles.

D. Quel fut le successeur de Louis XV?
D. Ce fut Louis XVI, son petit-fils, prince sage, juste, bienfaisant et ami de la paix. Il signala le commencement de son règne par la remise qu'il fit à ses sujets du droit de joyeux avénement [1], et travailla constamment à rendre son peuple heureux [2].

1. Ce fut à l'occasion de son sacre, qui eut lieu à Reims en 1775. Ce droit de *joyeux avénement* procurait au roi de grosses sommes.
2. Il abolit la corvée et fit disparaître dans ses domaines particuliers les restes de servitude qu'on y voyait encore. Il réduisit les officiers domestiques de sa maison et de celle de la reine à la plus sévère économie, et fit les mêmes retranchements sur sa maison militaire. Il abrogea la peine de mort contre les déserteurs; sépara les prisons civiles des prisons criminelles; doubla l'établissement formé par saint Louis pour les *Quinze-Vingts*, fonda ou protégea divers autres établissements en faveur de la classe indigente ou souffrante. On peut dire, en un mot, que sa sollicitude pour les malheureux fut sans bornes.

D. Louis XVI ne rétablit-il pas les parlements supprimés en 1771 ?

R. Il était à peine monté sur le trône, que l'on profita de son inexpérience pour lui faire rappeler les parlements, en lui faisant entendre que c'était le vœu du peuple. Mais ils ne furent pas plutôt réintégrés, qu'ils revinrent à leurs premières prétentions, et ils ne cessèrent de lutter avec force contre l'autorité du souverain.

D. Quelle guerre la France eut-elle à soutenir en 1778 ?

R. Les Anglais-Américains, ayant brisé les liens qui les unissaient à la mère patrie, cherchèrent des alliés qui pussent les aider à résister à la puissance de la Grande-Bretagne. Louis XVI ne partagea point l'enthousiasme avec lequel les députés du nouveau monde furent reçus en France; mais, préférant toujours les lumières de son conseil aux siennes propres, il se joignit à l'Espagne et à la Hollande pour forcer l'Angleterre à reconnaître l'indépendance des Etats-Unis. La paix, conclue en 1783, fit recouvrer à la France ses établissements des Indes, et le honteux traité concernant le port de Dunkerque fut aboli.

D. La guerre d'Amérique ne causa-t-elle aucun tort à la France?

R. Outre l'esprit d'indépendance qu'elle servit à fortifier, elle amena encore un grand désordre dans les finances [1]. Pour y remédier, on convoqua l'assemblée des notables du royaume. Ils proposèrent l'impôt du timbre et la subvention territoriale, mais les parlements les rejetèrent.

---

1. Les ministres Necker, Fleury, d'Ormesson, Calonne, avaient eu successivement recours à des emprunts qui, loin de diminuer le mal, l'avaient accru.

D. Que fit-on pour sortir de cet embarras?

R. On assembla les états généraux du royaume; mais, au lieu de travailler à cicatriser les plaies de la France, ils la bouleversèrent entièrement.

D. Comment cela?

R. Le tiers état prétendait d'abord, contre l'usage ancien, de ne former qu'une seule assemblée, à laquelle il somma les députés du clergé et de la noblesse de se réunir. Le roi eut beau prendre des mesures contre ces innovations, les deux premiers ordres respectèrent ces défenses, mais le troisième les méprisa; et Louis XVI, à qui il répugna toujours de faire couler le sang, consentit enfin à la demande séditieuse de l'Assemblée nationale.

D. Quel fut le résultat de cette condescendance?

R. La suppression du vote par ordre et l'établissement du vote par tête, donnant la prépondérance au tiers état, il ne garda plus de mesure, l'Assemblée nationale s'arrogea le droit de donner une nouvelle constitution à la France. Dans la journée du 4 août, elle commença à supprimer tous les priviléges, toutes les exemptions, immunités, dîmes et droits seigneuriaux [1]. Le roi refusa de sanctionner ces décrets; ce qui amena les journées des 5 et 6 octobre.

D. Faites le récit abrégé de ces funestes journées.

R. Le 5 octobre 1789, vers le soir, une armée de brigands vint de Paris à Versailles, enfonça les portes du château, massacra les gardes du roi, pénétra dans l'appartement de la reine, qui se

---

[1]. Trois heures de motions suffirent pour renverser l'ouvrage de dix siècles.

sauva par un escalier dérobé dans celui du roi, et échappa ainsi au fer des assassins.

D. Que répondit la reine lorsqu'elle fut interrogée sur les détails de cette affreuse conspiration ?

R. Elle dit ces paroles, qui peignaient bien la grandeur et la générosité de ses sentiments : *J'ai tout vu, tout entendu et tout oublié.*

D. Quels étaient les principaux coryphées de ces désastres ?

R. Le duc d'Orléans, surnommé depuis *Égalité*, et le fameux comte de Mirabeau.

D. Que fit encore l'Assemblée nationale ?

R. Outre l'abolition des parlements, de la noblesse, etc., elle décréta une constitution civile du clergé et voulut exiger de tous les prêtres le serment de s'y soumettre.

D. Quel parti prit Louis XVI pour se soustraire à l'oppression de l'Assemblée ?

R. Dans la nuit du 21 juin 1791, il sortit avec sa famille du château des Tuileries et prit la route de Montmédy. En partant, il laissa une déclaration des motifs de sa fuite. Il fut arrêté le même jour à Varennes et ramené prisonnier dans la capitale.

D. Quelle assemblée succéda le 1er octobre suivant à l'Assemblée nationale ?

R. Ce fut l'Assemblée législative. Les excès auxquels se porta cette seconde assemblée firent oublier ceux de la première. Le 20 juin 1792, à l'occasion d'un nouveau refus du monarque, 30,000 brigands pénétrèrent dans le château des Tuileries pour le massacrer. Louis, fort de sa vertu et de son courage, osa se présenter seul devant cette multitude furieuse. En vain on le sollicita de donner la sanction du décret contre les prêtres insermentés; il répondit, au milieu des piques et des poignards, que ce n'était ni le moment de demander ni celui d'accorder. Après cinq heures de lutte, Péthion et ses complices se retirèrent.

D. La journée du 20 juin ne fut-elle pas suivie d'une autre plus affreuse encore ?

R. Oui ; les jacobins et les orléanistes, ligués ensemble. appelèrent des provinces méridionales des bandits, la plupart échappés des galères, qui prirent le nom de *Marseillais*. Une attaque fut préparée contre le château des Tuileries dans la nuit du 9 au 10 août. Dès le matin, le monarque, voulant éviter l'effusion du sang. se rendit avec sa famille dans le sein de l'Assemblée qui eut l'infamie de prononcer sa déchéance.

D. Que devint le roi après cette fatale journée ?

R. Il fut relégué avec toute sa famille dans la tour du Temple, où l'on ne cessa de l'abreuver d'outrages, jusqu'au moment où il en sortit pour périr sur un échafaud [1].

D. De quel œil les puissances étrangères voyaient-elles ce qui se passait en France ?

R. Depuis longtemps elles gémissaient sur l'affreuse position du roi et de sa famille, et redoutaient pour leurs propres Etats les progrès des

---

1. Gardé à vue avec la reine son épouse, madame Elisabeth sa sœur, qui n'avait pas voulu le quitter, Madame royale, sa fille, et le Dauphin, son fils, Louis XVI était le consolateur de sa famille affligée. C'était dans la religion qu'il puisait ce courage par lequel il s'est immortalisé. Devenu lui-même, par la nature de sa situation, l'instituteur de son fils, il lui inspirait les qualités qui font les bons rois, en même temps qu'il ornait son esprit de ces connaissances qui donnent de l'éclat au rang suprême, comme elles distinguent les individus placés dans les conditions inférieures de la société.

principes anarchiques qui désolaient la France. Elles prirent donc les armes, et les troupes de l'empereur d'Allemagne et celles du roi de Prusse entrèrent en France ; mais elles furent obligées de se retirer devant les troupes françaises [1].

D. Quand la troisième assemblée dite conventionnelle ouvrit-elle ses séances ?

R. Ce fut le 22 septembre 1792. Le jour même de son ouverture, cette assemblée, composée de tout ce que la France renfermait de plus pervers, décréta l'abolition de la royauté et proclama la république. Bientôt elle osa traduire son roi en jugement. L'infortuné monarque répondit avec autant de présence d'esprit que de dignité aux chefs d'accusation portés contre lui ; mais toute justice était bannie de cette assemblée monstrueuse, les défenseurs que Louis avait choisis ne furent pas mieux écoutés [2], et la peine de mort fut conclue.

D. Comment Louis entendit-il le décret qui le condamnait à mort ?

R. Il en entendit la lecture avec tout le calme et la sérénité de l'innocence. Il demanda à voir sa famille [3], à qui il apprit qu'il n'avait plus qu'un

---

1. Ce fut l'entrée des troupes étrangères sur le territoire français qui servit de prétexte au massacre des prisons où étaient détenus grand nombre de prêtres et autres personnes recommandables par leur naissance, leurs talents et leurs vertus.

2. L'Europe et la France n'oublieront jamais les noms de Malesherbes, de Tronchet et de Desèze. Le premier, qui avait été chancelier et ministre du roi, s'offrit de lui-même pour le défendre. Les deux autres étaient d'habiles avocats.

3. Il en avait été séparé depuis le 12 décembre. Le 25, il rédigea lui-même un testament que nous placerons avec celui de la reine à la fin de ce volume.

jour à vivre, et demanda un prêtre catholique pour se préparer à sa dernière heure [1].

D. Quelles sont les paroles du roi à son peuple lorsqu'il fut sur l'échafaud ?

R. Louis, s'adressant à la multitude, s'écria : *Français, je meurs innocent de tous les crimes qu'on m'a imputés ; je pardonne à mes ennemis, et je souhaite que ma mort éloigne...* A ces mots, un roulement de tambours ordonné par Santerre couvrit sa voix ; il présenta sa tête auguste au couteau de la guillotine, et, recommandant son âme à Dieu, il reçut le coup mortel le 21 janvier, à dix heures quinze minutes du matin.

L'abbé Delille peint de la manière suivante les tendres adieux du monarque à sa famille, la marche du char fatal et le supplice de l'auguste victime.

> Oh ! qui peut concevoir ces scènes de douleurs,
> Ce mélange de cris, de sanglots et de pleurs,
> Ces funestes adieux, pleins d'horreur et de charmes ?
> Chaque mot commencé vient mourir dans les larmes,
> Et par de longs soupirs, cherchant à s'exhaler,
> Leurs cœurs veulent tout dire et ne peuvent parler.
> Ah ! moi-même je sens défaillir mon courage ;
> D'autres, du jour fatal, retraceront l'image.

[1]. Après avoir dormi du sommeil du juste et fait ses dévotions avec une ferveur inexprimable, le roi monta en voiture avec M. de Firmont, son confesseur. Arrivé au lieu de l'exécution, il se déshabilla et se laissa couper les cheveux. En même temps on lui saisit les mains pour les lier. Louis ne s'était pas attendu à cette violence, et son premier mouvement fut de repousser les bourreaux. *Sire,* lui dit l'abbé de Firmont, *cette humiliation est un trait de ressemblance de plus entre Votre Majesté et Dieu qui va être sa récompense.* Alors il présenta lui-même ses mains, puis il marcha d'un pas ferme vers l'instrument du supplice, tandis que son confesseur lui criait avec enthousiasme : *Fils de saint Louis, montez au ciel !*

Dans ce vaste Paris, le calme du cercueil;
Les citoyens cachés dans leurs maisons en deuil,
Croyant sur eux du ciel voir tomber la vengeance;
Le char affreux roulant dans un profond silence,
Ce char qui plus terrible, entendu de moins près,
Du crime en s'éloignant avance les apprêts;
L'échafaud régicide et la hache fumante,
Cette tête sacrée, et de sang dégoûtante,
Dans les mains du bourreau de son crime effrayé!
Ces tableaux font horreur, et je peins la pitié :
La pitié pour Louis! il n'est plus fait pour elle.
O vous qui l'observiez de la voûte éternelle,
Anges, applaudissez! il prend vers vous l'essor;
Commencez vos concerts, prenez vos lyres d'or.
Déjà son nom s'inscrit aux célestes annales;
Préparez, préparez vos palmes triomphales!
De sa lutte sanglante il sort victorieux,
Et l'échafaud n'était qu'un degré vers les cieux.

D. Quel jugement peut-on porter sur Louis XVI?

R. Ce prince eut toutes les vertus sociales et privées dont un homme puisse s'honorer. Si l'on considère tout ce qu'il a fait pour son peuple, aucun roi ne mérita mieux que lui d'en être appelé le père. Mais, ami de la franchise, de la décence et de la religion, il avait pour les flatteurs et les hommes faux, pour les libertins et les impies déclarés, un mépris qu'il ne se mettait pas en peine de dissimuler [1]; ce qui lui valut de leur part une haine profonde, qui ne put être assouvie que par sa mort.

Les qualités du cœur étaient relevées en Louis XVI par des talents variés et par des connaissances rares, même chez les savants de pro-

---

1. On sait combien étaient nombreux alors ces partisans du prétendu philosophisme, que Louis XV n'avait pas eu la force d'étouffer dans sa naissance.

fession. En un mot il était l'homme, sinon le plus brillant, du moins le plus sage, le plus prudent et le plus judicieux de son conseil. Heureux si une modestie excessive n'avait fait naître chez lui l'indécision, une défiance outrée de ses propres lumières, dont abusèrent des perfides pour le malheur de la France !

GOUVERNEMENT RÉPUBLICAIN.

CONVENTION.

D. Que devint la France après la mort de Louis XVI ?

R. Elle fut un théâtre de crimes, de sang et d'impiétés. Toutes les maisons nationales furent converties en prisons, où l'on renferma comme *suspects* tous ceux qui avaient des talents, des richesses et de la vertu[1]. Parmi les nombreuses victimes que la Convention immola à sa fureur, la famille royale ne fut pas épargnée; la reine fut bientôt transportée de la prison du Temple à la Conciergerie et rassasiée d'opprobres jusqu'au 16 octobre 1793, où sa tête auguste tomba sous la hache révolutionnaire. Quel spectacle !

Tant de rois, d'empereurs dans elle humiliés[2],
Ses beaux bras, ô douleur ! indignement liés,

1. C'était surtout aux richesses qu'on en voulait ; aussi les biens des proscrits ne manquaient jamais d'être confisqués. A mesure qu'on avait besoin d'argent, on guillotinait; c'est ce que, dans le langage révolutionnaire, Robespierre et les siens appelaient *battre monnaie.*
2. Ses ancêtres avaient occupé le trône d'Autriche pendant plus de trois cents ans.

Le ciseau dépouillant cette tête charmante,
La hache... Ah ! tout mon sang se glace d'épouvante !
Delille.

Marie-Antoinette, montée sur l'échafaud, se mit à genoux, et, levant les yeux au ciel, elle s'écria : *Seigneur, éclairez et touchez mes bourreaux. Adieu pour toujours, mes enfants, je vais rejoindre votre père.* Ainsi périt, à l'âge de trente-huit ans, cette reine infortunée. Toujours elle s'était distinguée par sa constance dans l'amitié, par son affabilité et sa générosité. Les orages de la Révolution lui donnèrent lieu de déployer un courage héroïque et une grandeur d'âme vraiment sublime, qui firent reconnaître en elle la fille de Marie-Thérèse.

D. La sœur chérie de Louis XVI, madame Elisabeth, ne fut-elle pas aussi victime de la fureur des factieux ?

R. Oui ; les grâces de l'innocence et les plus rares vertus ne purent l'en garantir.

Aussi des attentats de ce siècle effréné,
Ton trépas, ombre illustre, est le moins pardonné.
O dieux ! et quel prétexte a ce forfait infâme !
Ton nom était sans tache, aussi bien que ton âme.

Ce fut le 10 mai 1794 que madame Elisabeth, vrai modèle de piété, reçut le coup de la mort, à la tête de vingt-sept victimes qu'elle encourageait par son exemple. Elle n'était âgée que de trente ans.

D. Que fit-on du jeune Dauphin ?

R. Ce jeune prince, enfant plein d'esprit, de candeur et d'amabilité, fut arraché à la reine, sa mère, et mis sous la tutelle d'un cordonnier nommé Simon, jacobin féroce, qui prit à tâche de dépraver ses facultés physiques et morales. En proie nuit et jour à la barbarie de ses gardiens, il mourut de langueur dans sa triste captivité, le 8 juin 1795, âgé de dix ans.

> A peine leur furie
> Lui laisse arriver l'air, aliment de la vie.
> Contre tant de faiblesse a-t-on tant de courroux ?
> Cruels, il n'a rien fait; n'a rien pu contre vous.
> Leurs horribles conseils, et leur doctrine infâme,
> En attendant son corps empoisonnent son âme.
> Déjà même, déjà de sa triste prison
> La longue solitude a troublé la raison.
> . . . .
> Quelles mains ont hâté son atteinte funeste !
> Le monde apprit sa fin, la tombe sait le reste.

D. Comment Madame, fille du roi, échappa-t-elle à la rage des factieux ?

R. Cette incomparable princesse, après avoir vu périr son père, sa mère, sa tante, son frère, après avoir été exposée à toutes sortes d'horreurs dans sa prison, fut échangée contre quelques députés prisonniers en Autriche (en 1795).

> Oui, l'heure est arrivée; un Dieu finit ses peines,
> Et de ses belles mains je vois tomber les chaînes.
> Fuis, ô fille de rois, fuis ces scènes d'horreur;
> Vole aux champs maternels; hélas! notre terreur
> Ne peut t'offrir encor, sur ton morne passage,
> Qu'une pitié captive et qu'un muet hommage;
> Mais à peine échappée à ce séjour d'effroi,
> Nos cœurs en liberté vont s'envoler vers toi.
>   DELILLE.

D. La Convention se borna-t-elle à s'emparer des biens des Français attachés aux bons principes, à leur arracher la vie, etc. ?

R. Non; toutes les sources de l'instruction furent

taries, et la jeunesse fut élevée sans foi, sans humanité, sans mœurs, sans religion. L'athéisme devint la croyance populaire. Les églises furent pillées, démolies, et les choses les plus saintes livrées aux plus horribles profanations ; les prêtres poursuivis, déportés, décapités. On nomma ce régime de cruauté et d'impiété le *régime de la terreur*.

D. Ces horribles excès n'allumèrent-ils pas la guerre civile ?

R. Oui ; la guerre civile s'alluma dans plusieurs départements de l'Ouest. Les Vendéens surtout firent des efforts généreux en faveur de la religion et de la monarchie. Le gouvernement eut beaucoup de mal à les soumettre. La ville de Lyon, qui avait voulu secouer le joug affreux qui pesait sur la France, fut bombardée et vouée à la destruction, de même que Toulon, qui s'était franchement prononcée en faveur de la royauté et avait proclamé Louis XVII.

D. Malgré des temps si désastreux, le jeune Dauphin fut donc reconnu roi après la mort de son père ?

R. Il le fut, au moins tacitement, par tous les bons Français; et le prince de Condé, conformément à un antique usage de la monarchie, s'écria au milieu de la troupe fidèle qu'il commandait au delà du Rhin : « Le roi est mort! Vive le roi ! »

D. Condé et les autres, qui combattaient ainsi par des principes purs, ne furent-ils pas soutenus par les puissances étrangères?

R. Non; et il parut clairement que plusieurs des alliés ne travaillaient que pour leur propre cause, ce qui rallia contre eux une multitude de Français qui, jusque-là, s'étaient plu à les envisager comme des libérateurs. Il sembla alors que le peu d'honneur et de loyauté qui était resté en France se fût retiré au milieu de nos légions. Elles firent des prodiges de valeur sous la conduite de Pichegru, Jourdan, Moreau, etc., la plupart soldats de fortune.

D. Les conventionnels furent-ils longtemps d'accord ?

R. Non ; d'abord réunis contre la monarchie, ils se divisèrent lorsqu'il fut question d'en partager les dépouilles, et ne tardèrent pas à se déchirer et à se détruire les uns les autres. Le duc d'Orléans, auteur de tous les maux de la France, fut envoyé à la mort peu de temps après Louis XVI [1]. La majeure partie des Girondins fut aussi exécutée [2]. Enfin l'infâme Robespierre, après dix-huit mois de tyrannie, fut condamné à son tour par le tribunal révolutionnaire avec plusieurs jacobins, ses vils suppôts, le 9 thermidor an II [3].

D. La France ne respira-t-elle pas alors un peu, et la Convention ne fut-elle pas enfin forcée de se dissoudre ?

R. Les intervalles de paix ne furent pas longs. Après que plusieurs tyrans se furent supplantés les uns les autres, l'Assemblée présenta au peuple une nouvelle constitution, qui établissait un direc-

1. Ce n'était qu'à force d'argent que le duc d'Orléans avait fait agir ceux de son parti ; dès qu'il n'eut plus de quoi payer leurs services, il en fut abandonné, et sa chimérique prétention de devenir roi fut un prétexte aux républicains pour le condamner.

2. Les Girondins, ainsi appelés parce que les principaux meneurs de leur parti étaient du département de la Gironde, voulaient une république régie par des lois ; le parti des Jacobins, qui ne respirait que l'anarchie, plus fort et plus audacieux, l'emporta.

3. Qui correspond au 27 juillet 1794. L'ancien calendrier avait été aboli et le commencement de l'année fixé au 22 septembre.

toire et deux conseils, dans lesquels elle décréta que les deux tiers de ses membres seraient admis. Cette dernière disposition alarma les Parisiens, et ils coururent aux armes ; mais la Convention fit marcher contre eux des troupes de ligne, et Bonaparte, officier corse, fit tirer sur le peuple plusieurs pièces de canon chargées à mitraille, ce qui dissipa bientôt les nombreux rassemblements (13 vendémiaire 1795).

DIRECTOIRE.

D. Qu'était-ce que le Directoire ?

R. C'était un gouvernement composé de deux conseils et de cinq magistrats : le conseil des Cinq Cents proposait les lois, celui des Anciens les confirmait ou les rejetait, et le pouvoir exécutif était confié aux cinq autres membres qui formaient proprement le Directoire.

D. Ce gouvernement guérit-il les maux de la France ?

R. Il les aggrava, en quelque sorte, par ses passions haineuses, son immoralité et ses divisions intestines. Il fut culbuté par Bonaparte à la journée du 18 brumaire (9 novembre 1799).

D. Comment Bonaparte vint-il à bout d'une telle entreprise?

R. Il était parvenu de grade en grade à celui de général, et s'était fait un nom par ses exploits. Quoique son expédition d'Egypte n'eût pas été heureuse, il n'en conçut pas moins à son retour le projet de s'emparer de la souveraine autorité. Après s'être ménagé des partisans, il se rend à Saint-Cloud où le conseil des Cinq Cents était assemblé, et, aidé de quelques centaines de grenadiers, il en chasse tous les membres, fait nommer trois consuls pour dix ans, puis à vie.

CONSULAT.

Bonaparte, jeune héros doué des plus grands talents militaires, devenu premier consul, puis empereur, va porter ses armes dans toute l'Europe. Les événements se suivent de fort près. Nous nous bornerons à la nomenclature des principaux faits :

1800. La bataille de Marengo remportée sur les Autrichiens; paix accordée à l'Autriche.

1802. L'Angleterre, fatiguée de la lutte, conclut aussi la paix par le traité d'Amiens. On jouit de cette douce paix pendant un an dans toute l'Europe. La Vendée est tout à fait pacifiée. Les émigrés qui ne sont pas au service des membres de l'ancienne dynastie rentrent en France. — Le gouvernement consulaire continuant à cicatriser les plaies de l'Etat, Bonaparte conclut avec le pape Pie VII *un concordat* qui met fin au schisme désolant et trop long de notre malheureuse patrie, en vertu duquel a lieu une nouvelle circonscription des diocèses français.

1803. Les hostilités recommencent entre les Français et les Anglais.

EMPIRE.

1804. Napoléon Bonaparte se fait élire empereur des Français, et reçoit bientôt après le titre de roi d'Italie. Il avait rassemblé un camp nombreux près de Boulogne pour faire une descente en Angleterre, mais la guerre qui lui est déclarée par les Autrichiens et les Russes le force de renoncer à son entreprise.

1805. Il marche vers l'Allemagne et défait complétement à Austerlitz les deux armées réunies. François II, obligé à demander la paix, perd son titre d'empereur d'Allemagne et prend désormais celui d'empereur d'Autriche. Les états secondaires de l'empire forment la ligue appelée *confédération du Rhin* sous la protection de la France.

1806. Le roi de Prusse ose commencer la guerre; il s'allie avec la Russie, la Suède et l'Angleterre; mais Napoléon détruit l'armée prussienne à Iéna et se rend maître de toute la Prusse.

1807. Il entre ensuite dans l'ancienne Pologne, bat les Russes et les force à conclure la paix à Tilsitt. L'empereur de Russie, la Prusse et les Etats circonvoisins se soumettent à s'interdire avec la France et ses alliés tout commerce avec l'Angleterre.

Le roi de Portugal ayant refusé de se soumettre à une telle proposition, une armée française envahit le royaume en quelques semaines.

1808. L'empereur s'empare de l'Espagne bientôt après; mais les Français, malgré toutes leurs victoires, sont ensuite repoussés et détruits en détail soit par les maladies, soit par les bandes de guérillas que soutenaient les armées anglaises.

1809. Napoléon est rappelé en Allemagne pour combattre contre l'Autriche, qui avait cru le moment favorable pour reconquérir ce qu'elle avait perdu. Mais la bataille de Wagram qu'elle perdit encore l'obligea au contraire à nous céder plusieurs provinces. Alors Napoléon, enflé de sa puissance, fit connaître qu'il révoquait en partie la donation qu'avait faite à l'Eglise *Charlemagne, empereur des Français et roi d'Italie.* En conséquence, il s'empara des Etats du souverain Pontife.

1810. Sa Sainteté est transportée à Savonne, puis à Fontainebleau.

1812. L'empereur pénètre en Russie. Il remporte d'abord quelques victoires et s'empare de Moscou. Alexandre Ier, reconnaissant qu'il ne pouvait vaincre son ennemi par la force, fit brûler son ancienne capitale et ruiner le pays. Napoléon, manquant de vivres, fut obligé de se retirer. Son armée, qui était considérable, périt en grande partie de faim, de froid et de misère.

1813. Arrivé à Paris, Napoléon fait lever une nouvelle armée et se remet en marche ; il remporte encore quelques avantages sur les Russes ; mais les Allemands s'unissent contre lui aux Russes, aux Prussiens, aux Suédois, aux Espagnols. Vaincu à Leipzig, il se hâte de repasser le Rhin.

1814. Les alliés pénètrent en France, s'emparent de plusieurs provinces, et, malgré les efforts de Napoléon, ils entrent triomphants dans Paris, le déclarent déchu du trône, lui donnent l'île d'Elbe en souveraineté, et toutes les conquêtes de la France sont perdues.

LOUIS XVIII, *dit* LE DÉSIRÉ.

Soixante-neuvième roi de France (depuis 1795, reconnu en 1814), régna 29 ans.

XIXe siècle, 1814.

Ce roi, dans son exil, a connu la souffrance;
Ce roi, par son retour, a consolé la France.

D. De qui Louis XVIII était-il fils?

R. Il était fils de Louis, dauphin de France, et petit-fils de Louis XV; avant l'avénement de son frère à la couronne, il portait le nom de comte de Provence. Forcé de quitter le royaume en 1791, il prit une autre route que Louis XVI, et fut plus heureux que lui. Une invitation du prince de Russie, Paul Ier, l'obligea de sortir de ses États en 1801 [1]. Ce monarque trouva en Angleterre une retraite paisible, jusqu'au moment heureux où il fut rendu à la France.

D. Quel jour Louis XVIII fit-il son entrée dans la capitale?

R. Ce fut le 3 mai, accompagné de madame la duchesse d'Angoulême, de Monsieur, comte d'Artois, du duc de Berri et de plusieurs autres princes [2]. Son premier soin fut de se rendre à l'église métropolitaine pour y offrir à Dieu de solennelles actions de grâces.

---

1. Louis XVIII résidait depuis quelques années à *Mittau*, en Courlande. C'est là que Madame, fille de Louis XVI, épousa le duc d'Angoulême en 1799.
2. Le prince de Condé et le duc de Bourbon, son fils. Le duc d'Angoulême, qui avait parcouru les départements méridionaux, n'arriva à Paris que le 27.

D. Quel heureux événement signala le retour du roi?

R. Ce fut un traité de paix générale, qui fut signé à Paris par le prince de Bénévent, ministre plénipotentiaire du roi de France, et par les ministres des princes alliés, savoir : des empereurs d'Autriche et de Russie, et des rois d'Angleterre et de Prusse.

D. Quel était l'état de la France pendant les deux premiers mois de l'année 1815?

R. La France jouissait d'une tranquillité parfaite, sous le sage et paternel gouvernement de son roi ; les plaies faites à l'Etat par de longues et sanglantes guerres commençaient à se cicatriser ; l'agriculture, le commerce et les arts reflorissaient peu à peu, lorsque, le 20 mars, le roi, par une trahison inouïe de toute l'armée, fut obligé de céder le trône à Napoléon et de se retirer dans les Pays-Bas [1].

D. Napoléon fut-il longtemps en possession de l'autorité?

R. Non ; il ne régna que cent jours. Les souverains de l'Europe, pour lors assemblés à Vienne, apprennent le retour de Bonaparte ; ils le mettent hors de la loi et font une nouvelle invasion. L'usurpateur est battu à Waterloo [2] par les Anglais et les Prussiens combinés. Il revient à Paris, et, ne voyant plus de ressources, il se livre entre les mains des Anglais, qui, de concert avec les autres puissances, le relèguent à l'île Sainte-Hélène, où il a terminé sa carrière (en 1821).

D. Quel jour le roi fit-il sa rentrée dans Paris?

R. Le 8 juillet, Louis le Désiré rentra dans sa

1. Dans la ville de Gand.
2. Le duc de Wellington commandait l'armée anglaise et le maréchal Blücher était à la tête des Prussiens.

capitale au milieu des acclamations les plus vives et les plus touchantes d'un peuple immense, auquel il rendait la paix et le bonheur.

D. Après avoir dissous le reste de l'armée de Bonaparte, et épuré les administrations, les tribunaux, etc., le roi n'accorda-t-il pas une amnistie générale?

R. Oui; on n'excepta qu'un très-petit nombre des principaux auteurs de la conspiration; il en coûta la tête au maréchal Ney, le plus coupable de tous. Louis XVIII, fidèle interprète des derniers vœux du roi martyr, voulait étendre sa clémence jusque sur ses assassins; mais les régicides ne purent trouver grâce devant la chambre des députés des départements [1].

D. La France qui, à la première rentrée du roi, avait obtenu des puissances une paix honorable et avantageuse, fut-elle traitée cette fois avec la même considération?

R. Non; elle avait perdu tous ses droits à la bienveillance des princes confédérés; ce ne fut plus la générosité, ce fut la justice qui décida de son sort. Il n'y eut que la haute estime que les vertus et les malheurs de Louis XVIII avaient inspirée aux princes confédérés qui la sauva d'un démembrement [2]. Pour obtenir la paix, il fallut céder plusieurs points importants sur les frontières, abandonner pour cinq années presque toutes les forteresses du nord à la garde des trou-

---

1. Ils furent condamnés à quitter la France et à porter leurs remords dans toutes les contrées de l'univers.

2. A la première paix, Louis XVIII avait obtenu, sans rançon, la délivrance de 80,000 Français, captifs en Russie; il avait conservé tous les monuments des arts, dont nous étions redevables à nos conquêtes; il fallut les restituer et s'engager à d'immenses contributions.

pes étrangères, qui néanmoins évacuèrent la France en 1818, d'après le congrès d'Aix-la-Chapelle.

D. Quel funeste événement vint affliger la France en 1820?

R. Ce fut la mort du duc de Berri, second fils de Monsieur. Il fut assassiné dans la nuit du 13 février par un scélérat nommé Louvel, lorsqu'il reconduisait la duchesse son épouse à sa voiture. Cet infortuné prince, après avoir vécu en véritable chevalier français, mourut en vrai chrétien, Il ne cessa de demander la grâce de *l'homme*, et il montra un courage et une résignation presque surnaturels.

D. Le roi et la France restèrent-ils sans consolation après une aussi grande perte?

R. La Providence nous ménageait un moyen de salut. La duchesse de Berri qui, dans cette terrible catastrophe, avait montré une force d'âme extraordinaire et une constance sublime, accoucha, le 29 septembre suivant, d'un prince qui reçut le nom de Henri-Dieudonné, et le titre de duc de Bordeaux.

D. Quelle guerre la France entreprit-elle en 1823?

R. Une révolte militaire avait éclaté en Espagne; elle menaçait de bouleverser toute la péninsule et d'attenter aux jours du roi Ferdinand. Louis XVIII, en allié fidèle, se hâta d'envoyer une armée nombreuse pour secourir le roi, son parent. Le duc d'Angoulême fut nommé généralissime des troupes françaises.

D. Quelle fut l'issue de cette guerre?

R. Le prompt succès répondit à la justice de l'entreprise. Le prince français passa la Bidassoa le 17 avril; le 24 mai, il fit son entrée dans Madrid ; et, poussant toujours devant lui les rebelles, qui s'étaient emparés du roi, il arriva devant Cadix. Après avoir emporté d'assaut les forts du Trocadéro et de Santi-Petri, il força les révoltés à se soumettre et à rendre à la liberté Ferdinand, leur roi, qu'ils tenaient captif.

D. Louis XVIII vécut-il longtemps après?

R. Ce prince mourut en roi et en chrétien le 16 septembre 1824, à l'âge de 68 ans et 10 mois. Il fut enterré à Saint-Denis. Marie-Joséphine-Louise de Savoie, son épouse, était morte en 1810, sans laisser de postérité.

CHARLES X,

Soixante-dixième roi de France, régna 6 ans.

XIXe siècle.
1824.

D. Quel fut le successeur de Louis XVIII ?

R. Ce fut Charles X, son frère, né le 9 octobre 1757. Il fut sacré à Reims le 9 mai 1825.

D. Que se passa-t-il de remarquable sous son gouvernement?

R. 1° Ce prince reconnut l'indépendance de la république d'Haïti ou île Saint-Domingue, à condition qu'une indemnité serait payée aux Français qui avaient des propriétés dans cette île.

2° Une loi du 12 avril 1825 accorda un milliard d'indemnité aux émigrés. Une commission fut nommée pour en faire la répartition à toutes les victimes de la spoliation révolutionnaire.

3° Le gouvernement s'honora aux yeux de tout le monde, en prenant la défense de la Grèce contre la domination oppressive des Turcs. La flotte française, unie aux flottes anglaise et russe, gagna la célèbre bataille de Navarin, le 20 octobre 1827.

4° Le dey d'Alger ayant insulté le consul français, le roi, ne pouvant obtenir satisfaction, envoya une armée sur les côtes d'Afrique. M. de Bourmont, ministre de la guerre, s'embarqua à Toulon, et Alger tomba en son pouvoir le 5 juillet 1830.

D. Comment Charles X perdit-il la couronne?

R. Ce fut par suite de trois ordonnances qui avaient pour but de supprimer la liberté de la presse, d'annuler les dernières élections et de créer un nouveau système électoral. Ces fameuses ordonnances furent publiées le 26 juillet 1830; le peuple se souleva, et, quelques jours après, le roi prenait le chemin de l'exil. Il se dirigea vers Cherbourg, et s'embarqua pour l'Angleterre.

Le duc d'Orléans fut nommé lieutenant général du royaume. Les chambres ayant repoussé l'acte d'abdication du roi et du Dauphin, en faveur du duc de Bordeaux, Louis-Philippe reçut la couronne le 9 août 1830.

SIXIÈME BRANCHE

DES CAPÉTIENS, DITE SECONDE D'ORLÉANS.

LOUIS-PHILIPPE Ier,

Roi des Français, régna 17 ans.

XIXe siècle.
1830.

D. De quel roi ce prince tire-t-il son origine ?
R. De Louis XIII, qui laissa deux fils, Louis XIV, tige de la branche aînée des Bourbons, et Gaston d'Orléans, chef de la branche cadette. Louis-Philippe est le sixième descendant de cette branche.

Nota. Nous nous bornons, à cette époque, à noter quelques événements qui ont eu le plus d'influence sur les destinées du royaume,

1830	9 août.	Le roi prête serment à la nouvelle charte.
—	28 déc.	Condamnation des ministres de Charles X.
1831	14 fév.	Pillage de Saint-Germain l'Auxerrois et de l'archevêché de Paris.
1832	7 nov.	Arrestation de la duchesse de Berri.
—	25 déc.	Prise de la citadelle d'Anvers.
1836	6 nov.	Mort de Charles X à Goritz.
1848	24 fév.	Louis-Philippe disparait devant l'émeute, qui crée un gouvernement provisoire. Ce gouvernement proclame la république et décrète le suffrage universel.
—	—	Tandis que le roi partait pour l'exil, le gouvernement provisoire, composé de onze membres, siégeait à l'hôtel de

ville, et l'Assemblée nationale, composée de 900 membres, était convoquée pour donner une constitution à la France.

1848 4 mai. Le gouvernement provisoire remet ses pouvoirs à l'Assemblée nationale constituante.

Les 23, 24, 25 et 26 juin, le sang coule dans Paris. Sept généraux se trouvèrent parmi les morts. L'archevêque de Paris, Mgr Affre, périt victime de son héroïque dévouement.

Le général Cavaignac, qui avait été investi de l'autorité pour résister à l'émeute, resta à la tête du gouvernement jusqu'au jour où le prince Louis-Napoléon fut nommé président de la République (10 décembre), et, en cette qualité, proclamé chef du pouvoir exécutif pour quatre ans (20 décembre).

1849 3 juillet. La ville de Rome, prise par une armée française, sur les insurgés italiens, est rendue au pape Pie IX, pour lors en exil à Gaëte. Une expédition glorieuse dans les montagnes de l'Afrique; des efforts constants pour rendre la paix au pays et pour diminuer la misère; tels furent les principaux actes qui signalèrent la présidence du prince Louis-Napoléon.

1851 2 déc. L'Assemblée législative, qui, le 27 mai, avait succédé à la Constituante, fut dissoute le 2 décembre 1851 par un décret présidentiel, et les électeurs répondirent à l'appel du prince, en lui donnant la présidence pour dix ans.

1852 14 janv. Le président promulgue une nouvelle constitution qui institue un conseil d'Etat, un sénat et un Corps législatif de 256 membres, élus par le suffrage universel pour six ans.

1852 2 déc. Le peuple français changea la nature du pouvoir qu'il avait confié au prince Louis-Napoléon. L'empire fut proclamé.

1853 3 juillet. Nicolas-Pawlovitsch, empereur de Russie, menaçant l'indépendance de l'empire turc et ayant fait passer le Pruth à son armée, la France et l'Angleterre se déclarèrent contre le Tsar. Une flotte envoyée dans la Baltique prit Bomarsund (île Oland) le 16 août.

1854 Un mois plus tard, les troupes alliées, débarquant dans la Crimée, gagnèrent sur les Russes la bataille de l'Alma (20 septembre). Ce fut là le prélude d'autres succès. Les victoires de Balaklava (25 octobre), d'Inkermann (6 novembre) et de Tchernaïa (16 août 1855), compensèrent glorieusement les fatigues et les souffrances de l'expédition. Enfin, après une lutte gigantesque de onze mois, la tour de Malakoff, qui défendait Sébastopol, tomba au pouvoir des Français (8 septembre), commandés par le général Pélissier, aujourd'hui maréchal de France et duc de Malakoff.

Les généraux Canrobert et Bosquet furent aussi nommés maréchaux à leur retour de l'expédition.

1856 30 mars. La paix fut signée à Paris. La Russie avait alors pour souverain Alexandre II, fils et successeur de l'empereur Nicolas.

MOEURS ET COUTUMES DES FRANÇAIS.

ÉTAT DES SCIENCES, ETC., DEPUIS HENRI IV.

D. Les mœurs du dix-septième et du dix-huitième siècle ne perdirent-elles pas beaucoup de la simplicité des siècles précédents ?

R. Oui ; car, en même temps que les arts se perfectionnèrent et que les mœurs se polirent, les besoins se multiplièrent en proportion de la facilité que l'on trouvait à se satisfaire. A la suite de l'utile et du commode survinrent le luxe et les vices qui l'accompagnent.

D. Quand le café et le tabac commencèrent-ils à prendre faveur en France ?

R. Ce fut sous le règne d'Henri IV. Ce prince fit revivre le commerce presque anéanti par le feu des guerres civiles. Il fut le premier de nos rois qui fonda une colonie en Amérique [1].

D. Quelles fêtes succédèrent aux *tournois* ?

R. Il n'y en eut point de particulières jusqu'au règne de Louis XIV. Ce prince y substitua les *carrousels*, où l'on voyait retracés le costume, l'armure, les évolutions, les combats même de l'ancienne chevalerie, mais sans ces joûtes terribles, où le choc et le brisement des lances étaient trop souvent funestes aux combattants. Louis XIV, qui aimait en tout le grand et le beau, déployait dans ces sortes de fêtes une magnificence, une variété, une générosité extraordinaires ; ce qui attirait à Paris une multitude de princes et de seigneurs étrangers dont les dépenses fixaient

---

[1]. Ce fut dans le Canada, que l'on appela depuis *Nouvelle-France*.

dans le royaume une grande partie des richesses de l'Europe.

D. Par quoi les carrousels furent-ils remplacés ?

R. On ne vit plus de semblables exercices depuis Louis XIV, et rien ne les a remplacés, si ce ne sont peut-être les représentations théâtrales, qui furent la passion dominante du dix-huitième siècle, comme elles avaient été autrefois celle de Rome dégénérée.

D. Combien la capitale renfermait-elle d'habitants avant le dix-septième siècle; la police y était-elle bien observée ?

R. On n'y comptait pas à cette époque plus de 400,000 habitants. Il n'y avait ni propreté, ni sûreté, ni clarté durant la nuit. Louis XIV et ses ministres remédièrent à ces inconvénients.

D. Les beaux édifices y étaient-ils en grand nombre ?

R. On comptait à peine dans Paris dix édifices dignes d'une capitale. Ils se multiplièrent presque à l'infini sous Louis XIV. Ce fut ce prince qui fit élever la colonnade du Louvre, monument comparable à tout ce que l'architecture ancienne a de plus achevé. Les particuliers, à l'exemple du roi, élevèrent dans Paris, sous la direction des Perrault et des Mansart, mille édifices superbes et commodes.

D. Ne vit-on pas à cette époque la peinture et la sculpture reproduire en quelque sorte les chefs-d'œuvre des Grecs ?

R. Oui; les pinceaux des Le Sueur, des Le Brun, des Le Moine, rendirent plus croyables les merveilles de Zeuxis et d'Appelles; et les ciseaux de Puget et de Girardon firent revivre ceux de Phidias et de Praxitèle.

Un monument digne du génie des Romains, c'est le canal du Languedoc, qui réunit les deux mers au pied des Pyrénées. Il est dû à Riquet.

D. Quels sont les grands hommes qui illustrèrent alors la France par leur littérature ?

R. La sublime éloquence brilla dans Bossuet; Bourdaloue réunit la force du raisonnement à la profondeur des vérités évangéliques; Fénelon, par les charmes de sa diction, rendit aimables les leçons austères de la morale; Corneille et Racine éclipsèrent la gloire du théâtre grec [1]; La Fontaine, laissant derrière lui tous les fabulistes, mérita l'épithète d'inimitable. Jean-Baptiste Rousseau excella dans le genre lyrique; Mme de Sévigné dicta en se jouant ces lettres naïves qui sont devenues le modèle du genre épistolaire. La langue française, jusqu'alors informe, acquit bientôt sa perfection. Il faudrait un volume pour citer tous les noms qui méritent de l'être; ils se perdent dans leur multitude.

D. Le dix-huitième siècle n'eut-il pas aussi de grands savants ?

R. Oui; les arts et les sciences se perfectionnèrent. Buffon surtout se distingua parmi les naturalistes; on l'a surnommé le *Pline français;* mais les lettres déclinèrent beaucoup. On vit le goût s'altérer sensiblement dès le commencement du dix-huitième siècle [2]. Voltaire et Rousseau, qui

1. Les talents poétiques de Molière seraient aussi propres à exciter l'admiration, si ses comédies n'étaient déparées par certaines expressions hardies, quelquefois même un peu obscènes.

2. On peut néanmoins citer quelques écrivains qui échappèrent à la corruption générale : Racine le fils, Le Franc de Pompignan, Delille se firent un nom dans la poésie, etc. Madame Le Prince de Beaumont donna à ses

moururent en 1778, et que leur génie et leurs talents ont rendus célèbres, en abusèrent pour se rendre les fléaux de la religion et de la morale. Ils n'ont pas peu contribué à la révolution par la licence de leurs écrits [1]. Le nom de Mirabeau rappelle la plus profonde perversité; il fut combattu par Maury, qui défendit tous les bons principes pendant les temps de troubles avec une éloquence rare.

D. L'art de la construction des chemins ne fut-il pas aussi perfectionné au dix-huitième siècle?

R. Oui; cet art, si nécessaire au commerce, n'avait été, pour ainsi dire, qu'ébauché sous Louis XIV; on apprit sous son successeur à y réunir la commodité, la sûreté et l'agrément.

D. Quels étaient les revenus de l'État sous Louis XIII?

R. Ils n'étaient que de 45 millions. Dès les premières années de Louis XIV, Colbert les fit monter à 117 millions. Sous Louis XV, ils allèrent successivement à 360 millions.

D. Quelles étaient les forces militaires?

R. Charles VII est le premier de nos rois qui ait eu des troupes réglées. Louis XIII n'avait que 80,000 hommes à sa solde. Louis XIV, qui eut plus d'une fois l'Europe presque entière à combattre, n'entretint d'abord que 180,000 hommes. Dans la suite, il en eut jusqu'à 400,000. Ce fut

---

nombreux ouvrages sur l'éducation un caractère de bon sens, de vertu et de religion qui n'était plus celui de son siècle. On ne cessera jamais d'admirer la simplicité aimable et éloquente de Berquin, si justement appelé *l'ami des enfants.*

1. La fin déplorable de ces deux auteurs a été regardée par tous les hommes religieux comme une juste punition de l'indigne abus de leurs talents.

Louis XIV qui introduisit l'uniforme dans les troupes françaises.

D. Par qui l'ordre des chevaliers de Saint-Louis fut-il créé ?

R. Ce fut par Louis XIV. Rien ne fait plus d'honneur au jugement et à la piété de ce prince, que d'avoir établi sous la protection du plus saint et du plus valeureux de nos rois, un ordre dont le nom seul devait rappeler aux guerriers français que la valeur n'eut jamais d'alliée plus fidèle que la piété.

Un des premiers soins de Louis XVIII, remonté sur le trône de saint Louis, a été de rétablir cet ordre, tout à la fois religieux et national.

TESTAMENT DE LOUIS XVI

MORT LE LUNDI 21 JANVIER 1793.

Au Nom de la Très-Sainte Trinité, du Père, et du Fils, et du Saint-Esprit. Aujourd'hui vingt-cinquième jour de décembre 1792, moi, Louis, seizième du nom, roi de France, étant, depuis plus de quatre mois, renfermé, avec ma famille, dans la tour du Temple, à Paris, par ceux qui étaient mes sujets, et privé de toute communication quelconque, même depuis le 11 du courant, avec ma famille : de plus, impliqué dans un procès dont il est impossible de prévoir l'issue, à cause des passions des hommes, et dont on ne trouve aucun prétexte ni moyen dans aucune loi existante ; n'ayant que Dieu pour témoin de mes pensées, et auquel je puisse m'adresser ; je déclare ici, en sa présence, mes dernières volontés et mes sentiments.

Je laisse mon âme à Dieu, mon Créateur ; je le prie de la recevoir dans sa miséricorde ; de ne pas la juger d'après ses mérites, mais par ceux de Notre-Seigneur Jésus-Christ, qui s'est offert en sacrifice à Dieu son Père, pour nous autres hommes, quelque indignes que nous en fussions, et moi le premier.

Je meurs dans l'union de notre sainte Mère l'Église catholique, apostolique et romaine, qui tient ses pouvoirs, par une succession non interrompue, de saint Pierre, auquel Jésus-Christ les avait confiés.

Je crois fermement, et je confesse tout ce qui est contenu dans le Symbole et les commandements de Dieu et de l'Église, les sacrements et les mystères, tels que l'Église catholique les enseigne et les a toujours enseignés. Je n'ai jamais prétendu me rendre juge dans les différentes manières d'expliquer les dogmes qui déchirent l'Église de Jésus-Christ ; mais je m'en suis rapporté, et rapporterai toujours, si Dieu m'accorde vie, aux décisions que les supérieurs ecclésiastiques, unis à la sainte Église catholique, donnent et donneront, conformément à la discipline de l'Église, suivie depuis Jésus-Christ.

Je plains de tout mon cœur nos frères qui peuvent être dans l'erreur, mais je ne prétends pas les juger, et je ne les aime pas moins tous en Jésus-Christ, suivant ce que la charité chrétienne nous enseigne. Je prie Dieu de me pardonner tous mes péchés; j'ai cherché à les connaître scrupuleusement, à les détester et à m'humilier en sa présence. Ne pouvant me servir du ministère d'un prêtre catholique, je prie Dieu de recevoir la confession que je lui en ai faite, et surtout le repentir profond que j'ai d'avoir mis mon nom (quoique cela fût contre ma volonté) à des actes qui peuvent être contraires à la discipline et à la croyance de l'Église catholique, à laquelle je suis toujours resté sincèrement uni de cœur.

Je prie Dieu de recevoir la ferme résolution où je suis, s'il m'accorde vie, de me servir, aussitôt que je le pourrai, du ministère d'un prêtre catholique, pour m'accuser de tous mes péchés, et recevoir le sacrement de pénitence.

Je prie tous ceux que je pourrais avoir offensés par inadvertance (car je ne me rappelle pas d'avoir fait sciemment aucune offense à personne), ou ceux à qui j'aurais pu avoir donné de mauvais exemples ou des scandales, de me pardonner le mal que je peux leur avoir fait; je prie tous ceux qui ont de la charité d'unir leurs prières aux miennes, pour obtenir de Dieu le pardon de mes péchés.

Je pardonne de tout mon cœur à ceux qui se sont faits mes ennemis, sans que je leur en aie donné aucun sujet; et je prie Dieu de leur pardonner, de même qu'à ceux qui, par un faux zèle, ou par un zèle mal entendu, m'ont fait beaucoup de mal.

Je recommande à Dieu ma femme et mes enfants, ma sœur et mes tantes, mes frères et tous ceux qui me sont attachés par les liens du sang, ou par quelque autre manière que ce puisse être; je prie Dieu particulièrement de jeter des yeux de miséricorde sur ma femme, mes enfants et ma sœur, qui souffrent depuis longtemps avec moi, de les soutenir par sa grâce, s'ils viennent à me perdre, et tant qu'ils resteront dans ce monde périssable.

Je recommande mes enfants à ma femme; je n'ai jamais douté de sa tendresse maternelle pour eux; je lui recommande surtout d'en faire de bons chrétiens et d'honnêtes gens; de ne leur faire regarder les grandeurs de ce monde-ci (s'ils sont condamnés à les éprouver), que comme des liens dangereux et périssables, et de tourner leurs regards vers la seule gloire solide et durable de l'éternité. Je prie ma sœur de vouloir continuer sa tendresse à mes enfants, et de leur tenir lieu de mère, s'ils avaient le malheur de perdre la leur.

Je prie ma femme de me pardonner tous les maux qu'elle souffre pour moi, et les chagrins que je pourrais lui avoir donnés dans le cours de notre union; comme elle peut être sûre que je ne garde rien contre elle, si elle croyait avoir quelque chose à se reprocher.

Je recommande bien vivement à mes enfants, après ce qu'ils doivent à Dieu, qui doit marcher avant tout, de rester toujours unis entre eux, soumis et obéissants à leur mère, et reconnaissants de tous les soins et les peines qu'elle se donne pour eux, et en mémoire de moi. Je les prie de regarder ma sœur comme une seconde mère.

Je recommande à mon fils, s'il avait le malheur de devenir roi, de songer qu'il se doit tout entier au bonheur de son peuple; qu'il doit oublier toute haine et tout ressentiment, et nommément ce qui a rapport aux malheurs et aux chagrins que j'éprouve; qu'il ne peut faire le bonheur de ses sujets, qu'en régnant suivant les lois, mais en même temps, qu'un roi ne peut les faire respecter, et faire le bien qui est dans son cœur, qu'autant qu'il a l'autorité nécessaire; et qu'autrement, étant lié dans ses opérations, et n'inspirant point de respect, il est plus nuisible qu'utile.

Je recommande à mon fils d'avoir soin de toutes les personnes qui m'étaient attachées, autant que les circonstances où il se trouvera lui en donneront les facultés; de songer que c'est une dette sacrée que j'ai contractée envers les enfants ou les parents de ceux qui ont péri pour moi, et ensuite de ceux qui sont malheureux pour moi.

Je sais qu'il y a plusieurs personnes, de celles qui m'étaient attachées, qui ne se sont pas conduites envers moi comme elles le devaient, et qui m'ont même montré de l'ingratitude; mais je leur pardonne (souvent dans les moments de trouble et d'effervescence, on n'est pas le maître de soi), et je prie mon fils, s'il en trouve l'occasion, de ne songer qu'à leurs malheurs.

Je voudrais pouvoir témoigner ici ma reconnaissance à ceux qui m'ont montré un attachement véritable et désintéressé; d'un côté, si j'ai été sensiblement touché de l'ingratitude et de la déloyauté de gens à qui je n'avais jamais témoigné que des bontés, à eux, ou à leurs parents ou amis; de l'autre, j'ai eu de la consolation à voir l'attachement et l'intérêt gratuit que beaucoup de personnes m'ont montrés. Je les prie d'en recevoir tous mes remercîments; dans la situation où sont encore les choses, je craindrais de les compromettre, si je parlais plus explicitement; mais je recommande spécialement à mon fils de chercher les occasions de pouvoir les reconnaître.

Je croirais calomnier cependant les sentiments de la nation, si je ne recommandais ouvertement à mon fils MM. de Chamilly et Hue, que leur véritable attachement pour moi avait portés à s'enfermer avec moi dans ce triste séjour, et qui ont pensé en être les malheureuses victimes; je lui recommande aussi Cléry, des soins duquel j'ai eu tout lieu de me louer depuis qu'il est avec moi : comme c'est lui qui est resté avec moi jusqu'à la fin, je prie messieurs de la Commune de lui remettre mes hardes, mes livres, ma montre, ma bourse, et les autres effets qui ont été déposés au conseil de la Commune.

Je pardonne encore très-volontiers à ceux qui me gardaient les mauvais traitements et les gênes dont ils ont cru devoir user envers moi : j'ai trouvé quelques âmes sensibles et compatissantes; que celles-là jouissent dans leurs cœurs de la tranquillité que leur doit donner leur façon de penser.

Je prie Messieurs de Malesherbes, Tronchet et Desèze de recevoir ici tous mes remercîments et l'expression de ma sensibilité pour tous les soins et les peines qu'ils se sont donnés pour moi.

Je finis en déclarant devant Dieu, et prêt à paraître devant lui, que je ne me reproche aucun des crimes qui sont avancés contre moi.

Fait double, à la tour du Temple, le 25 décembre 1792.

Signé : LOUIS.

Est écrit Baudrais, *officier municipal.*

TESTAMENT [1]

DE MARIE-ANTOINETTE D'AUTRICHE,

REINE DE FRANCE ET DE NAVARRE,

OU

Lettre écrite par cette princesse, de la prison de la Conciergerie, à sa belle-sœur, madame Élisabeth, le 16 octobre 1793, à quatre heures et demie du matin.

Morte le 16 octobre 1793.

C'est à vous, ma sœur, que j'écris pour la dernière fois; je viens d'être condamnée, non pas à une mort honteuse, elle ne l'est que pour les criminels, mais à aller rejoindre votre frère; comme lui innocente, j'espère montrer la même fermeté que lui dans ces derniers moments. Je suis calme comme on l'est quand la conscience ne reproche rien; j'ai un profond regret d'abandonner mes pauvres enfants; vous savez que je n'existais que pour eux, et vous, ma bonne et tendre sœur, vous qui avez, par votre amitié, tout sacrifié pour être avec nous, dans quelle position je vous laisse! j'ai appris, par le plaidoyer même du procès,

---

1. Copie en tout conforme au *fac-simile* distribué aux membres des deux chambres.

que ma fille était séparée de vous. Hélas! la pauvre enfant, je n'ose pas lui écrire, elle ne recevrait pas ma lettre. Je ne sais pas même si celle-ci vous parviendra; recevez pour eux deux ici ma bénédiction; j'espère qu'un jour, lorsqu'ils seront plus grands, ils pourront se réunir à vous, et jouir en entier de vos tendres soins. Qu'ils pensent tous deux à ce que je n'ai cessé de leur inspirer; que les principes et l'exécution exacte de ses devoirs sont la première base de la vie; que leur amitié et leur confiance mutuelle en feront le bonheur, que ma fille sente qu'à l'âge qu'elle a, elle doit toujours aider son frère par les conseils que l'expérience qu'elle a de plus que lui et son amitié pourront lui inspirer. Que mon fils, à son tour, rende à sa sœur les services que l'amitié peut inspirer; qu'ils sentent enfin tous deux que, dans quelque position où ils pourront se trouver, ils ne seront vraiment heureux que par leur union. Qu'ils prennent exemple de nous. Combien, dans nos malheurs, notre amitié nous a donné de consolations, et dans le bonheur on jouit doublement quand on peut le partager avec un ami; et où en trouver de plus tendre et plus cher que dans sa famille! Que mon fils n'oublie jamais les derniers mots de son père, que je lui répète expressément: Qu'il ne cherche jamais à venger notre mort. J'ai à vous parler d'une chose bien pénible à mon cœur. Je sais combien cet enfant doit vous avoir fait de la peine; pardonnez-lui, ma chère sœur. Pensez à l'âge qu'il a, et combien il est facile de faire dire à un enfant ce qu'on veut, et même ce qu'il ne comprend pas; un jour viendra, j'espère, où il ne sentira que mieux tout le prix de votre bonté et de votre tendresse pour tous deux. Il me reste à vous confier encore mes dernières pensées. J'aurais voulu les écrire dès le commencement du procès; mais, outre qu'on ne me laissait pas écrire, la marche en a été si rapide que je n'en aurais réellement pas eu le temps.

Je meurs dans la religion catholique, apostolique et romaine, dans celle de mes pères, dans celle où j'ai été élevée, et que j'ai toujours professée; n'ayant aucune consolation spirituelle à attendre, ne sachant pas s'il existe encore ici des prêtres de cette religion, et même le lieu où je suis les exposerait trop, s'ils y entraient une fois, je demande secrètement pardon à Dieu de toutes les fautes que j'ai pu commettre depuis que j'existe. J'espère que dans sa bonté il voudra bien recevoir mes derniers vœux, ainsi que ceux que j'ai faits depuis longtemps pour qu'il veuille bien recevoir mon âme dans sa miséricorde et sa bonté. Je demande pardon à tous ceux que je connais, et à vous, ma sœur, en particulier, de toutes les peines que, sans le vouloir, j'aurais pu vous causer. Je pardonne à tous mes ennemis le mal qu'ils m'ont fait. Je dis ici adieu à mes tantes et à tous mes frères et sœurs. J'avais des amis, l'idée d'en être séparée pour jamais, et leurs peines, sont un des plus grands regrets que j'emporte en mourant; qu'ils sachent du moins que, jusqu'à mon dernier soupir, j'ai pensé à eux. Adieu, ma bonne et tendre sœur, puisse cette lettre vous arriver! Pensez toujours à moi; je vous embrasse de tout mon cœur, ainsi que ces pauvres et chers enfants; mon Dieu! qu'il est déchirant de les quitter pour toujours! Adieu, adieu! Je ne vais plus m'occuper que de mes devoirs spirituels. Comme je ne suis pas libre dans mes actions, on m'amènera peut-être un prêtre; mais je proteste ici que je ne lui dirai pas un mot, et que je le traiterai comme un être absolument étranger.

Signé MARIE-ANTOINETTE.

Paris. — Imp. BAILLY, DIVRY et Cᵉ, pl. Sorbonne, 2.

www.ingramcontent.com/pod-product-compliance
Lightning Source LLC
Chambersburg PA
CBHW070638170426
43200CB00010B/2061